BestMasters

Mit **„BestMasters“** zeichnet Springer die besten Masterarbeiten aus, die an renommierten Hochschulen in Deutschland, Österreich und der Schweiz entstanden sind. Die mit Höchstnote ausgezeichneten Arbeiten wurden durch Gutachter zur Veröffentlichung empfohlen und behandeln aktuelle Themen aus unterschiedlichen Fachgebieten der Naturwissenschaften, Psychologie, Sozialwissenschaften, Technik und Wirtschaftswissenschaften. Die Reihe wendet sich an Praktiker und Wissenschaftler gleichermaßen und soll insbesondere auch Nachwuchswissenschaftlern Orientierung geben.

Springer awards **“BestMasters”** to the best master’s theses which have been completed at renowned Universities in Germany, Austria, and Switzerland. The studies received highest marks and were recommended for publication by supervisors. They address current issues from various fields of research in natural sciences, psychology, social sciences, technology, and economics. The series addresses practitioners as well as scientists and, in particular, offers guidance for early stage researchers.

Daniel Simon Schaebs

Nachhaltigkeitsberichterstattung an staatlichen Hochschulen

Qualitative Untersuchung eines rechtlich und freiwillig motivierten Reportings

Springer Gabler

Daniel Simon Schaebs
Hochschule Burgenland
Eisenstadt, Österreich

ISSN 2625-3577 ISSN 2625-3615 (electronic)
BestMasters
ISBN 978-3-658-49950-1 ISBN 978-3-658-49951-8 (eBook)
https://doi.org/10.1007/978-3-658-49951-8

Die Deutsche Nationalbibliothek verzeichnet diese Publikation in der Deutschen Nationalbibliografie; detaillierte bibliografische Daten sind im Internet über https://portal.dnb.de abrufbar.

Planung/Lektorat: Karina Kowatsch
Springer Gabler ist ein Imprint der eingetragenen Gesellschaft Springer Fachmedien Wiesbaden GmbH und ist ein Teil von Springer Nature.
Die Anschrift der Gesellschaft ist: Abraham-Lincoln-Str. 46, 65189 Wiesbaden, Germany

Zusammenfassung

Vor dem Hintergrund wachsender europäischer und nationaler Anforderungen an Organisationen im Bereich Umwelt, Soziales und Unternehmensführung (ESG-Kriterien) und die nichtfinanzielle Berichterstattung – etwa durch die Corporate Sustainability Reporting Directive (CSRD) sowie die noch ausstehenden nationalen Umsetzungsgesetze – ergibt sich eine Forschungslücke hinsichtlich der Betroffenheit öffentlicher Hochschulen, insbesondere im Fachhochschulsektor. Wissenschaftlich ist diese Thematik insofern relevant, als Nachhaltigkeit zunehmend zu einem zentralen Steuerungs- und Qualitätskriterium in der Hochschulentwicklung wird.

Folglich besteht die Zielsetzung der Ausarbeitung in einer Analyse rechtlicher Rahmenbedingungen, praktischer Erfahrungen sowie gesetzgeberischer Handlungsspielräume zur Förderung der Nachhaltigkeitsberichterstattung. Die Forschungsfragen zielen dabei auf (1) bestehende rechtliche Verpflichtungen bzw. motivierende Vorgaben, (2) praktische Erfahrungen der Hochschulen mit der Nachhaltigkeitsberichterstattung sowie (3) gesetzgeberische Förderoptionen ab.

Im Rahmen einer qualitativen Erhebung wurden drei ExpertInnen aus Deutschland sowie vier aus Österreich leitfadengestützt interviewt. Das Datenmaterial wurde der strukturierend-zusammenfassenden Inhaltsanalyse nach Mayring unterzogen.

Die Ergebnisse sind sehr heterogen: Während in Deutschland die Hochschulgesetze Verpflichtungen enthalten können, bleiben in Österreich aufgrund der bei staatlichen Fachhochschulen verbreiteten Rechtsform (GmbH) das Unternehmensgesetzbuch und Größenschwellen relevant. Die InterviewpartnerInnen bestätigen jedoch eine zunehmende Sensibilisierung für das Thema und erkennen freiwillige Berichterstattung als strategische Chance. Umsetzungstiefe, vorhandene Kapazitäten und institutionelle Verankerung variieren stark. Zentrale Hemmnisse liegen in der uneindeutigen Rechtslage, begrenzten Ressourcen und fehlenden Daten. Normative Anpassungsmöglichkeiten für die Gesetzgeber und ein Reifegradmodell für die Praxis gehören zu den wesentlichen Implikationen.

Schlüsselwörter: CSRD · Nachhaltigkeitsberichterstattung · Sustainability · Reporting · Öffentliche Einrichtungen · Staatliche Hochschulen

Inhaltsverzeichnis

Abkürzungsverzeichnis

ABl.	Amtsblatt
AG	Aktiengesellschaft
AQ	Agentur für Qualitätssicherung und Akkreditierung Austria
AT	Austria / Österreich
BGBl.	Bundesgesetzblatt
BKA	Bundeskanzleramt
BMFTR	Bundesministerium für Forschung, Technologie und Raumfahrt
BMLV	Bundesministerium für Landesverteidigung
BMJ	Bundesministerium Justiz
B-UHG	Bundes-Umwelthaftungsgesetz
B-VG	Bundes-Verfassungsgesetz der Republik Österreich
CSDDD	Corporate Sustainability Due Diligence Directive
CSR	Corporate Social Responsibility
CSRD	Corporate Sustainability Reporting Directive
DE	Deutschland
DNK	Deutscher Nachhaltigkeitskodex
DSGVO	Datenschutzgrundverordnung
E1–E7	ExpertIn 1 – ExpertIn 7
EEffG	Bundes-Energieeffizienzgesetz
ESG	Environmental Social Governance
ESRS	European Sustainability Reporting Standards
EU	Europäische Union
FH	Fachhochschule
FHG	Fachhochschulgesetz

Fn.	Fußnote
GEG	Gebäudeenergiegesetz
GmbH	Gesellschaft mit beschränkter Haftung
GG	Grundgesetz für die Bundesrepublik Deutschland
gGmbH	Gemeinnützige Gesellschaft mit beschränkter Haftung
GRI	Global Reporting Initiative
HAW	Hochschule für Angewandte Wissenschaften
HGB	Handelsgesetzbuch
HNE	Netzwerk Hochschulen für Nachhaltige Entwicklung
HRG	Hochschulrahmengesetz
HRK	Hochschulrektorenkonferenz
IASB	International Accounting Standards Board
IIRC	International Integrated Reporting Committee
IT	Informationstechnologie
KAnG	Bundes-Klimaanpassungsgesetz
KI	Künstliche Intelligenz
KMK	Kultusministerkonferenz
K.ö.d.R.	Körperschaft des öffentlichen Rechts
K.ö.R.	Körperschaft des öffentlichen Rechts
KPI	Key Performance Indicator
KrWG	Kreislaufwirtschaftsgesetz
KSG	Bundes-Klimaschutzgesetz
LHO	Landeshaushaltsordnung
LkSG	Lieferkettensorgfaltspflichtengesetz
MS	Microsoft
NaBeG	Nachhaltigkeitsberichterstattungsgesetz
NaDiVeG	Nachhaltigkeits- und Diversitätsverbesserungsgesetz
NFB	Nichtfinanzieller Bericht
NFE	Nichtfinanzielle Erklärung
NFRD	Non-Financial Reporting Directive
NPO	Non Profit Organisation
NRW	Nordrhein-Westfalen
OECD	Organisation for Economic Co-Operation and Development
PIE	Public Interest Entities
RegE	Regierungsentwurf
RL	Richtlinie
S.	Seite
SASB	Sustainability Accounting Standards Board
SächsHG	Sächsisches Hochschulgesetz

SDG	Sustainable Development Goals
u. a.	unter anderem
UG	Universitätsgesetz 2002
UGB	Unternehmensgesetzbuch
UIG	Umweltinformationsgesetz
UN	United Nations
UVP-G	Umweltverträglichkeitsprüfungsgesetz 2000
Vgl.	Vergleiche
VO	Verordnung
Z. B.	Zum Beispiel

Abbildungsverzeichnis

Tabellenverzeichnis

Einleitung 1

Die Nachhaltigkeitsberichterstattung rückte in den vergangenen Jahren zunehmend in den Fokus, insbesondere auf europäischer Ebene, um Informationen zu Ressourcenverbrauch, Klimaschutz- und Umweltschutzbemühungen und ein verantwortungsvolles Handeln der Unternehmen gegenüber der Öffentlichkeit transparent zugänglich zu machen. Mittlerweile wurden international und europaweit diverse Regelungen verabschiedet, die die nationalen Gesetzgeber der EU-Mitgliedstaaten zu Konkretisierungen verpflichten oder sogar unmittelbar gelten.[1]

1.1 Problemstellung inkl. Forschungsstand und -lücke

Die traditionelle Finanzberichterstattung ist für StakeholderInnen bis heute eine wichtige Auskunftsquelle, um sich über die Situation einer Organisation zu informieren. Das gilt umso mehr für externe Personen, die wenig Zugang zu internen Informationen haben. Im Rahmen des konventionellen, eher vergangenheitsorientierten Finanzreportings wurden jedoch nicht alle Einflussfaktoren berücksichtigt, die sich auf den Firmenwert positiv wie negativ auswirken können. So mussten beispielsweise Aktivitäten, die zur Nachhaltigkeit beitragen, in der Vergangenheit nur selten offengelegt werden. Gleichwohl hat das allgemeine öffentliche Interesse an ökologischen und sozialen Aspekten bei der Unternehmensführung in Zeiten multipler Krisensituationen zugenommen, wodurch sich auch ein gewisser

[1] Siehe hierzu u. a.: Delegierte VO (EU) 2023/2772; RL 2022/2464/EU; RL 2014/95/EU; RL 2013/34/EU.

D. S. Schaebs, *Nachhaltigkeitsberichterstattung an staatlichen Hochschulen*, BestMasters, https://doi.org/10.1007/978-3-658-49951-8_1

Anspruch der Gesellschaft gegenüber einem rechtlich konformen Handeln des Managements ergibt.

Insgesamt sind staatliche Einrichtungen noch nicht sehr stark im Fokus der Forschung zur Nachhaltigkeitsberichterstattung, obwohl sie zum Teil denselben regulatorischen Anforderungen und einem erhöhten öffentlichen Interesse an Transparenz und verantwortungsvollem Handeln unterliegen. Denn staatliche Organisationsformen, oft als öffentliche Körperschaften oder Staatsunternehmen bezeichnet, spielen eine bedeutende Rolle in der Volkswirtschaft und sind aus Rechtsstaatsgründen aufgefordert, ihre Nachhaltigkeitspraktiken gegenüber den BürgerInnen transparent darzustellen.

Bisherige wissenschaftliche Untersuchungen konzentrieren sich allerdings deutlich auf Großunternehmen und börsennotierte Unternehmen der Privatwirtschaft – in aller Regel berichterstattungspflichtige Kapitalgesellschaften (vgl. Bannier, 2023, S. 159–170).

Es gibt nur wenige Studien, die die Nachhaltigkeitsberichterstattung speziell mit Fachhochschulen in Verbindung bringen. Die meisten bestehenden Forschungsarbeiten konzentrieren sich auf umfassendere Nachhaltigkeitsaktivitäten, ohne sich eingehend mit dem Aspekt der Berichterstattung zu befassen. In einem Sammelband von Rieckmann et al. (2024) wurden jüngst verschiedene Aspekte der Nachhaltigkeitsberichterstattung an Universitäten erörtert, wobei der Schwerpunkt insbesondere auf dem Projekt DG Hoch-N in Deutschland liegt. Die Ergebnisse unterstreichen die Bedeutung der Nachhaltigkeitsberichterstattung, die damit verbundenen Herausforderungen und die Notwendigkeit eines umfassenden Ansatzes zur Integration von Nachhaltigkeit in alle Aspekte des Hochschullebens. Es geht hervor, dass Hochschulen zunehmend institutionelle Initiativen ergreifen, die ihr Engagement für Nachhaltigkeit widerspiegeln. Diese äußern sich häufig in Form formeller Nachhaltigkeitspolitiken und -praktiken, die für ein effektives Reporting unerlässlich sind. Nachhaltigkeitsinitiativen sind oft isoliert und hängen stark vom Engagement der einzelnen Mitarbeitenden ab, was zu inkonsistenten Berichtspraktiken führen kann. Viele Nachhaltigkeitsprojekte werden von Personen mit befristeten Verträgen vorangetrieben, was zu einem Mangel an Kontinuität beiträgt. Dieses Problem wurde als erhebliches Hindernis für eine effektive Nachhaltigkeitsberichterstattung erkannt. In den Studienbeiträgen wird betont, wie wichtig es ist, umfassende Rahmenbedingungen zu entwickeln, die die Nachhaltigkeitsberichterstattung in die Kernfunktionen von Fachhochschulen integrieren.

In Anlehnung an Bassen et al. (2018, S. 56) sowie der Erweiterung von Roose et al. (2024, S. 169 ff.) kann ein Überblick zu verwandten Forschungsansätzen im Hochschulkontext in der Tabelle 1.1 dargestellt werden.

Tabelle 1.1 Überblick zur Forschung bezüglich Hochschul-Nachhaltigkeitsberichterstattung. (Quelle: Eigene Darstellung nach Bassen et al., 2018, S. 56; Roose et al., 2024, S. 169 ff.)

AutorInnen, Jahr	Forschungshighlights
Ceulemans et al., 2015; Daub, 2007; Dienes et al., 2016	Hochschulen berichten wie Unternehmen zunehmend über Nachhaltigkeit
Sassen & Azizi, 2018; Sassen et al., 2014	Unterschiedliche Standards mit abweichenden Schwerpunkten
Ralph & Stubbs, 2014	Implementierung von Nachhaltigkeitsaktivitäten an Universitäten
Fischer et al., 2015; Huber & Bassen, 2018; Kamal & Asmuss, 2013; Lozano & Young, 2013; Vaughter et al., 2013; Yarime & Tanaka, 2012	Hochschulspezifische Nachhaltigkeitsbewertungsinstrumente
Alonso-Almeida et al., 2015	Diffusion der Anwendung von GRI-Standards
Zorio-Grima et al., 2018	Zusammenspiel Innovationsprofil, politische Faktoren und interne Strukturen
Isenmann, Sassen & Zinn 2015	Nutzung von Informations- und Kommunikationstechnologien
Rodríguez Bolívar et al., 2013	Online-Nachhaltigkeitsberichterstattung
Sassen & Azizi, 2018	Nachhaltigkeitsberichterstattung erst am Anfang und heterogen
Sassen et al., 2022	Gesellschaftliche Erwartungen und externe Finanzierung als bedeutender Treiber
Del Sordo et al., 2016	Schlüsselpersonen als förderlichster Faktor
Ceulemans et al., 2015	Nachhaltigkeitsberichterstattung unterstützt positive interne Veränderungen
Adams, 2013; Lozano, 2006; Lozano et al., 2013; Moudrak & Clarke, 2012	Hindernisse in fehlender sektorspezifischer Anleitung, begrenzter Zeit und Ressourcen, und fehlendem gemeinsamen Verständnis

Wissenschaftlich bleiben die regulatorischen Auswirkungen in Deutschland und Österreich auf Fachhochschulen in den unterschiedlichen Rechtsformen somit weitgehend unerforscht. Gründe hierfür könnten sein, dass die Rechtsgrundlagen insgesamt noch recht neu sind und es wenig einschlägige Rechtsprechung gibt. Zugleich lassen sich jedoch Bestrebungen auf nationaler und EU-Ebene erkennen, die Berichterstattungspflichten auf weitere Organisationen auszuweiten. Es ist daher anzunehmen, dass sich die Forschungsaktivitäten auf diesen Bereich ebenfalls erstrecken werden – tendenziell zunächst für sonstige privatwirtschaftliche Organisationsformen (z. B. Vereine und Genossenschaften), aber sicher auch für öffentliche Institutionen (z. B. Gebietskörperschaften, Anstalten des öffentlichen Rechts, Betriebe gewerblicher Art) oder andere Randbereiche.[2]

Diese Arbeit widmet sich dem Forschungsdesiderat, indem sie untersucht, inwieweit staatliche Fachhochschulen bereits rechtlich zur Nachhaltigkeitsberichterstattung verpflichtet sind bzw. an welchen Vorschriften sie sich freiwillig orientieren könnten. Ob und wie diese Nachhaltigkeitsberichterstattung tatsächlich umgesetzt wird, und welche Erfahrungen es grundsätzlich dabei gibt, kann empirisch erforscht werden, weil bisher keine Datengrundlage existiert. Zudem fehlt es an Informationen, wie sich das bestehende Reporting zur Nachhaltigkeit an staatlichen Fachhochschulen durch gezielte Maßnahmen des Gesetzgebers oder die Entwicklung der Hochschulen noch besser fördern ließe.

1.2 Forschungsfragen

In Anbetracht der vermuteten Forschungslücke aus Abschnitt 1.1 soll die folgende übergeordnete wissenschaftliche Fragestellung das Forschungsprojekt leiten:

Welche Regularien, Motive und Erfahrungen bestehen an staatlichen Fachhochschulen in Deutschland und Österreich in Bezug auf eine verpflichtende und freiwillige Nachhaltigkeitsberichterstattung?

Zur Operationalisierung werden folgende drei Forschungsfragen aufgestellt:

1. *Welche Vorgaben verpflichten bzw. motivieren staatliche Fachhochschulen in Deutschland und Österreich zu einer Nachhaltigkeitsberichterstattung?*
2. *Welche Erfahrungen bestehen an staatlichen Fachhochschulen in Deutschland und Österreich hinsichtlich einer freiwilligen oder verpflichtenden Nachhaltigkeitsberichterstattung?*
3. *Welche Maßnahmen kann der Gesetzgeber treffen, damit die Nachhaltigkeitsberichterstattung an staatlichen Fachhochschulen in Deutschland und Österreich gefördert wird?*

[2] Zur Nachhaltigkeitsberichterstattung bei Non Profit Organisations (NPO) siehe zum Beispiel: Schöggl et al., 2024.; Baumüller & Scheid, 2021, S. 207; Baumüller, 2022, S. 342 f.

1.3 Methode

Die Beforschung der ersten Forschungsfrage erfolgt weitestgehend literaturbasiert (umfassende Literaturrecherche, auf vorhandener deutsch/englischer Primärliteratur beruhend, vorzugsweise nicht älter als 2010). Da nicht ausgeschlossen werden kann, dass sich im Rahmen der Empirie weitere Erkenntnisse ergeben, die die Antworten zur ersten Forschungsfrage beeinflussen, erfolgt die endgültige Beantwortung unter Einbeziehung aller Ergebnisse im Schlussteil.

Für die zweite und dritte Forschungsfrage wird ein exploratives, empirisches Vorgehen als Forschungsstrategie zur Gewinnung erster Erkenntnisse im Sinne einer Grundlagenforschung herangezogen, weil keine Primärdaten vorhanden scheinen. Es können aufgrund des staatlichen Fachhochschulkontexts gerade keine konkreten, theoriegeleiteten Hypothesen oder Modelle gebildet werden, die es zu überprüfen gilt. Die Wahl fällt deshalb auf ein induktives, qualitatives Forschungsdesign in Form von ExpertenInnen-Interviews (vgl. Berger-Grabner, 2022, S. 127) mit einer anschließenden qualitativen, strukturierend-zusammenfassenden Inhaltsanalyse (vgl. Mayring, 2022; Kuckartz, 2018) unter Nutzung der Software MAXQDA Analytics Pro (vgl. Kuckartz & Rädiker, 2020).

1.4 Aufbau der Arbeit

Die Einleitung (Kapitel 1) vermittelt einen Überblick zu den Inhalten. Zunächst erfolgte dazu im Abschnitt 1.1 eine Identifikation und Beschreibung des wissenschaftlichen Problems. Ferner wurde die Relevanz des Themas im Kontext der Nachhaltigkeitsberichterstattung staatlicher Fachhochschulen mit Bezügen zum Forschungsstand und der angenommenen Forschungslücke verdeutlicht. Hieraus wurden in Abschnitt 1.2 dann Forschungsfragen abgeleitet. Mithilfe der Beschreibung des methodischen Vorgehens (Abschnitt 1.3) sollten die angewandten Forschungsmethoden nur kurz vorgestellt werden, weil eine Konkretisierung ohnehin im weiteren Verlauf der Arbeit (Kapitel 4: Empirischer Teil) erfolgt.

Der Aufbau des weiteren Vorgehens lässt sich wie folgt beschreiben:

Der Theoretische Teil (Kapitel 2 und 3) ordnet Begrifflichkeiten wie Fachhochschulen, Staatlichkeit und Nachhaltigkeit ein und schafft die Grundlagen sowie Verständniszusammenhänge für ein Reporting im Hochschulkontext (einschließlich einschlägiger Rechtsgrundlagen). Er schließt mit einem Zwischenfazit ab, um zumindest vorläufige Aussagen zur theoriegeleiteten Forschungsfrage geben zu können.

Der Empirische Teil (Kapitel 4) beschreibt konkreter das qualitative methodische Vorgehen (Strategie, Design, Durchführung) und stellt die Ergebnisse der eigenen Forschung vor, gefolgt von einer Interpretation und dem Abgleich der Erkenntnisse mit der Literatur.

Einen besonderen Stellenwert soll das fünfte Kapitel (Schlussfolgerungen und Implikationen) innerhalb der Arbeit einnehmen, weil dort praktische und wissenschaftliche Konsequenzen aus der Forschung gezogen werden. Dabei werden zunächst die drei Forschungsfragen gesondert und direkt beantwortet, sodass sich eine „Brücke" zwischen der Einleitung und diesem Abschnitt ergibt. Weiters sollen dann Handlungsempfehlungen für die Praxis abgeleitet werden, die sich einerseits normativ an den Gesetzgeber und andererseits an die EntscheidungsträgerInnen an staatlichen Fachhochschulen richten.

Die Masterarbeit schließt mit einem „Conclusio" (Kapitel 6), in welchem die wichtigsten Erkenntnisse revueartig zusammengefasst, aber auch die Limitationen benannt sowie ein Ausblick mit Anknüpfungspunkten für die weitere Forschung dargelegt werden.

Zusammenfassend lässt sich der Aufbau in der Abbildung 1.1 visualisieren.

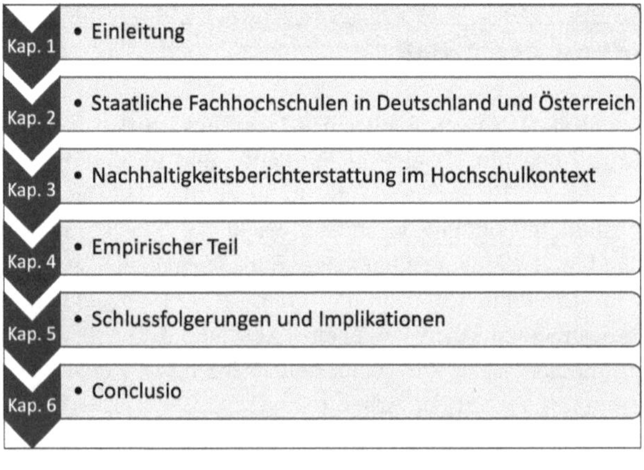

Abbildung 1.1 Aufbau der Ausarbeitung. (Quelle: Eigene Darstellung)

2 Staatliche Fachhochschulen in Deutschland und Österreich

Selbst wenn sich gewisse Parallelen bei den Begrifflichkeiten und Grundsätzen in beiden Ländern abzeichnen, erscheint es notwendig im Folgenden eine Differenzierung vorzunehmen.

Deutschland

Fachhochschulen (FH) firmieren in Deutschland heute meist als Hochschulen für Angewandte Wissenschaften (HAW). Beide Bezeichnungen werden im Rahmen dieser Arbeit synonym verwendet. Diese Umbenennung ist kein bundesweit einheitlicher Akt, sondern ein prozesshafter Wandel, der sich seit den 2000er-Jahren vollzieht. Als Gründe können der Bologna-Prozess und die damit einhergehende Gleichstellung von Bachelor- und Masterabschlüssen sowie die Änderungen im gesetzlichen Wortlaut im Hochschulrahmengesetz (HRG) und den Hochschulgesetzen der Bundesländer genannt werden.

Sie sind eine eigenständige Gruppe im deutschen Hochschulsystem und unterscheiden sich insbesondere durch ihren praxisorientierten Auftrag, ihr anwendungsbezogenes Studium und ihre Nähe zur beruflichen Praxis.[1] Die Kultusministerkonferenz sieht „die Lehre an Fachhochschulen [als] besonders berufsbezogen" an und „durch projektorientierte Lernformen, Praxissemester und Kooperationen mit der Wirtschaft gekennzeichnet" (KMK, 2010).

[1] Das wegen der Föderalismusreform nicht mehr gültige Hochschulrahmengesetz des Bundes (HRG) definierte Hochschulen als „Einrichtungen, die wissenschaftliche Lehre mit besonderer Praxisorientierung verbinden und Studiengänge anbieten, die auf die berufliche Praxis vorbereiten". In ähnlicher Weise formulieren es die heutigen Hochschulgesetze einzelner Bundesländer.

D. S. Schaebs, *Nachhaltigkeitsberichterstattung an staatlichen Hochschulen*, BestMasters, https://doi.org/10.1007/978-3-658-49951-8_2

Sah der Wissenschaftsrat im Jahr 2010 noch vor, dass Fachhochschulen nur in Einzelfällen ein eigenes Promotionsrecht hatten (vgl. Wissenschaftsrat, 2010), ist heute festzustellen, dass immer mehr Bundesländer ihnen mit kooperativen Promotionsverfahren auch diese Möglichkeit zugestehen (vgl. HRK, 2023). Zudem geht der Trend dazu, dass Hochschulen sich forschungsorientierter aufstellen. Dies ist politisch gewollt und wird staatlich gefördert, zum Beispiel durch das Projekt „Innovative Hochschule“ (vgl. BMFTR, 2025). Bei nachgewiesener Forschungsexzellenz können in wenigen Bundesländern sogar Promotionszentren der FH mit vollständig eigenem Promotionsrecht akkreditiert werden.

Im Jahr 2024 gab es bundesweit 249 Fachhochschulen, die privat oder staatlich unterhalten wurden (vgl. HRK, 2024). An ihnen studierten 1,14 Mio. Studierende. Staatliche Hochschulen stellen mit ca. 64 % die größte Gruppe dieser offiziell anerkannten Institutionen dar. Sie spielen damit seit langer Zeit eine bedeutende Rolle in der Bildungslandschaft, insbesondere in der praxisorientierten Hochschulausbildung. Es sei erwähnt, dass zu diesen akkreditierten Hochschulen noch ausländische Institutionen hinzukommen, die aufgrund der Niederlassungsfreiheit und Genehmigung durch das zuständige Ministerium in Deutschland tätig werden dürfen.

Österreich

Das Fachhochschulgesetz (FHG) erlaubt es nach § 8 Absatz 7 dem „Erhalter von Fachhochschulen, die nach den Bestimmungen des HS-QSG akkreditiert sind, […] das Recht, die Bezeichnung ‚Fachhochschule‘ oder ‚Hochschule für Angewandte Wissenschaften‘ im Namenszug der Bildungseinrichtung zu führen.“[2]. Durch die klare gesetzliche Regelung erscheint es zunächst nicht wie eine gesellschaftliche Entwicklung, jedoch zielt die Anpassung der Bezeichnung ebenfalls darauf, die Anschlussfähigkeit international herzustellen (Stichwort: University of Applied Sciences) sowie das Image und Wissenschaftsverständnis von Fachhochschulen zu fördern. Mit dieser Formulierung hat es der Normgeber erreicht, dass kein Zwang zur Führung einer bestimmten Bezeichnung besteht, sondern ein Wahlrecht. Allerdings haben bisher nur zwei Hochschulen zur Bezeichnung HAW gewechselt, die Hochschule für Angewandte Wissenschaften Burgenland sowie die IMC Hochschule für Angewandte Wissenschaften Krems (vgl. BKA, 2025).

[2] FHG. Bundesgesetz über Fachhochschul-Studiengänge (Fachhochschulgesetz, FHG). idF BGBl. I Nr. 50/2024 vom 30.04.2024.

Ähnlich wie in Deutschland werden im FHG die Berufsausbildung auf Hochschulniveau, der Praxisbezug und eine anwendungsbezogene Forschung hervorgestellt. Zugleich stellt dies ein wesentliches Abgrenzungskriterium zu den Universitäten dar. Tendenzen in Richtung eines Promotionsrechts der Fachhochschulen sind nicht erkennbar, dieses bleibt den Universitäten und Privatuniversitäten vorbehalten.

Hervorzuheben ist, dass das FHG als Bundesgesetz österreichweit gilt und somit die Bundesländer keine eigenen Hochschulgesetze für Fachhochschulen vorhalten (können). Zudem knüpfen die Regelungen an einen sogenannten „Erhalter" an. Damit soll der Tatsache Rechnung getragen werden, dass die Finanzierung bzw. der Betrieb einer Fachhochschule sehr unterschiedlich erfolgen kann. Dies bezieht sich auf private oder öffentliche Anteilseigner, aber auch auf unterschiedliche Rechtsformen (siehe Abschnitt 2.2).

In Österreich gab es im Jahr 2024 insgesamt 21 anerkannte Fachhochschulen (vgl. BKA, 2025). An ihnen waren im Wintersemester 2023/2024 ca. 59.136 Studierende in ordentlichen Studiengängen und weitere 16.360 in sogenannten Hochschullehrgängen eingeschrieben (vgl. Statistik Austria, 2025). Auch in Österreich dürfen ausländische Institutionen im Rahmen der Niederlassungsfreiheit tätig werden, wenn sie bei der Meldestelle für ausländische Studien der AQ Austria registriert sind.

2.1 Öffentliche Trägerschaft (Staatlichkeit)

Unter öffentlicher Trägerschaft soll in dieser Arbeit die organisatorische und finanzielle Verantwortung staatlicher Körperschaften, z. B. die des Bundes, der Länder oder Kommunen, für eine Hochschule verstanden werden. Das können beispielsweise die Gebietskörperschaften oder von ihnen eingerichtete Gesellschaftsformen sein. Die Finanzierung erfolgt primär aus öffentlichen Mitteln wie Steuern oder Abgaben, zum Beispiel durch spezifische Zuweisungen aus Haushaltsmitteln. Die Hochschule kann diese Grundfinanzierung durch Studiengebühren und eingeworbene Drittmittel ergänzen.

Durch die Finanzierung aus staatlichen Geldern ergibt sich in der Regel das Prinzip der Gemeinnützigkeit, also gerade keine Gewinnerzielungsabsicht als Selbstzweck wie im privatwirtschaftlichen Bereich.[3] Vielmehr liegt der Fokus auf Kostendeckung und Reinvestition. In jedem Fall sind staatliche Hochschulen den gesetzlichen Vorgaben und Regulierungen nach dem Rechtsstaatsprinzip

[3] Die Hochschulgesetze in Deutschland sprechen nicht explizit davon, dass Hochschulen keine „Erwerbszwecke" verfolgen oder nicht auf Gewinnerzielung ausgerichtet sein dürfen. Gleichwohl ergibt sich dies Durch die Definition als Körperschaft des öffentlichen Rechts, z. B. § 2 Absatz 1 SächsHG.

(Artikel 20 Absatz 3 GG bzw. Artikel 18 Absatz 1 B-VG) besonders verpflichtet und müssen bei jeglichen Aktivitäten ein hohes Maß an Transparenz einhalten.

Staatlich soll in dieser Arbeit auch so verstanden werden, dass eine Finanzierung der Hochschule aus Pflichtbeiträgen der UnternehmerInnen oder Umlagen der BürgerInnen, zum Beispiel Industrie- und Handelskammer / Wirtschaftskammer sowie Arbeiterkammer, in die Betrachtung eingeschlossen wird. Aufgrund der weitgehenden Säkularität in Deutschland und Österreich sollen hier allerdings kirchliche Betriebe oder Beteiligungsformen nicht einbezogen werden, trotz dass sie sich ggf. auf Kirchensteuern stützen.

2.2 Typische Rechtsformen

Bezüglich der Rechtsformen bietet sich ebenfalls eine nach Ländern getrennte Betrachtung an.

Deutschland

Je nach Bundesland sind staatliche Hochschulen unterschiedlich organisiert, es gibt keine einheitliche Rechtsform. Häufig sind sie jedoch juristische Personen des öffentlichen Rechts. Sie sind dann rechtlich selbstständig und besitzen eine eigene Haushalts- und Verwaltungshoheit (Hochschulautonomie). Als Träger öffentlicher Aufgaben mit eigener Rechtspersönlichkeit kraft hoheitlichen Aktes erhalten sie ihre Aufgaben per Gesetz zugewiesen. Die Hochschulgesetze definieren sie weitgehend als „Körperschaften öffentlichen Rechts mit dem Recht der Selbstverwaltung“, abgekürzt K.d.ö.R. oder K.ö.R.

Daneben sind auch Hochschulen als Einrichtungen ohne eigene Rechtspersönlichkeit, die in Trägerschaft des Landes stehen, zu finden. Sie sind dann als Teil der Landesverwaltung organisiert (z. B. im Bereich eines Ministeriums) und damit nicht selbstständig rechtsfähig, zum Beispiel die Verwaltungsfachhochschulen der Länder.[4]

Sonderformen stellen Fachhochschulen dar, bei denen die Hochschule nicht die Rechtsfähigkeit direkt staatlich verliehen bekommt, sondern zuvor eine Stiftung gegründet wird, die zur BetreiberIn der Hochschule wird,[5] oder die in der Rechtsform als öffentlich-rechtliche Anstalten per Gesetz geführt werden.[6]

---

[4] z. B. die Fachhochschule für Finanzen in Königs-Wusterhausen als Teil des Ministeriums der Finanzen und für Europa des Landes Brandenburg.

[5] z. B. die Stiftung Fachhochschule Osnabrück als öffentlich-rechtliche Stiftung aus der ursprünglichen Trägerschaft des Land Niedersachsen.

[6] z. B. die Fachhochschule für öffentliche Verwaltung NRW.

Somit ist festzuhalten, dass staatliche Hochschulen in Deutschland i. d. R. nicht in einer privatrechtlichen Rechtsform, wie z. B. der GmbH oder AG, organisiert sind. Zwar wäre es grundsätzlich möglich, den öffentlichen Auftrag bzw. die staatliche Trägerschaft auch so zu realisieren.[7] Das Grundgesetz (Artikel 5 Absatz 3 GG) und die Landesverfassungen sehen jedoch eine weitreichende Hochschulautonomie vor, deren Garantie und Praktikabilität sich in der Praxis im besonderen Maße durch die Rechtsform der Körperschaft öffentlichen Rechts bewährt zu haben scheint.

Österreich

Anders als in Deutschland sind staatliche Fachhochschulen in Österreich nicht selbstständig rechtsfähig, sondern werden von eigenständigen Trägerorganisationen betrieben (vgl. § 3 FHG „Träger einer Fachhochschule"), in Form natürlicher oder juristische Personen. Am häufigsten ist die Gesellschaft mit beschränkter Haftung (GmbH)[8] bzw. ihre gemeinnützige Form (gGmbH) vorzufinden. Daneben existieren auch Vereine und Stiftungen als Erhalter nach dem FHG.[9]

Eine Ausnahme besteht in der rechtlichen Organisation der Fachhochschule für angewandte Militärwissenschaften. Ihr Erhalter ist die Republik Österreich, vertreten durch das Bundesministerium für Landesverteidigung (vgl. BMLV, 2024).

Zusammenfassend liegen damit fast ausschließlich privatrechtliche Organisationsformen vor. Eine Autonomie der Fachhochschulen im Sinne einer weitreichenden Selbstverwaltung (u. a. Finanzhoheit, Selbstverwaltung und Organisationsrecht) lässt sich weder aus der Bundesverfassung noch aus deutlichen Bestimmungen wie im Universitätsgesetz (UG) entnehmen. Vielmehr ergeben sich nur gewisse Freiheiten unter Berücksichtigung der Regelungen im FHG auf Erhalterebene, aber auch Einschränkungen durch das Trägerschaftsmodell sowie die Akkreditierungs- und Aufsichtspflichten.

[7] Als Vergleich können hier kommunale Unternehmen der öffentlichen Daseinsvorsorge herangezogen werden, bei denen die GmbH oder AG eine typische Rechtsform ist, z. B. Stadtwerke oder Verkehrsgesellschaften.

[8] u. a. GmbH: HAW Burgenland, FH des BFI Wien, FH Vorarlberg, FH Wiener Neustadt, FH Sankt Pölten, IMC Krems, FH Salzburg, FH Kufstein Tirol, Campus 02, FH Joanneum, FH Oberösterreich, FH der Wirtschaftskammer Wien, etc.; gGmbH: FH Kärnten.

[9] z. B. Verein: Lauder Business School Wien, FH Campus Wien, FH Technikum Wien.

3 Nachhaltigkeitsberichterstattung im Hochschulkontext

Eine Nachhaltigkeitsberichterstattung kann sich im Hochschulkontext deutlich in der Zielsetzung, im Inhalt und ihrer Wirkung von der Privatwirtschaft unterscheiden. Dabei gilt es zunächst zu klären, welche rechtlichen Verpflichtungen überhaupt für solche Institutionen einschlägig sind. Anschließend muss das Wesen der Nachhaltigkeitsberichterstattung mit den Eigenheiten von staatlichen Fachhochschulen in Verbindung gebracht werden, um die spezifischen Beweggründe und Möglichkeiten nachvollziehen zu können.

3.1 Rechtlicher Rahmen

Die Rechtslage für eine Nachhaltigkeitsberichterstattung an Hochschulen ist in Deutschland und Österreich aktuell uneinheitlich. Es existieren auf EU-Ebene übergeordnete Richtlinien, doch deren Geltung muss durch die Mitgliedsstaaten erst mithilfe von Umsetzungsgesetzen herbeigeführt werden. Daneben können weitere Gesetze Einfluss auf Aktivitäten an Fachhochschulen haben. Nachfolgend soll deshalb der aktuelle Stand europäischer und nationaler Regelungen betrachtet werden.

Unter rechtlichem Rahmen wird die Gesamtheit der geltenden Gesetze, Verordnungen und Vorschriften bzw. weiterer Normen verstanden, die ein Handeln rechtlich strukturieren oder begrenzen (vgl. Weber, 2025). Einen solchen Anspruch auf Vollständigkeit kann die vorliegende Arbeit jedoch nicht für sich erheben. Insoweit wird im Folgenden der Fokus nur auf die wichtigsten Normen gelegt. Auf inhaltliche Rahmenwerke vom International Integrated Reporting

D. S. Schaebs, *Nachhaltigkeitsberichterstattung an staatlichen Hochschulen*, BestMasters, https://doi.org/10.1007/978-3-658-49951-8_3

Committee (IIRC), oder auf Standardisierungen wie die European Sustainability Reporting Standards (ESRS), Sustainability Accounditing Standards (SASB), Standards der Global Reporting Initiative (GRI), den Deutschen Nachhaltigkeitskodex (DNK) sowie die spezielle Anpassung Hochschul-DNK,[1] soll nicht explizit eingegangen werden.

3.1.1 Europäische Regelungen

Auf europäischer Ebene verpflichtet die Non-Financial Reporting Directive (NFRD) als Richtlinie 2014/95 der EU z. B. Unternehmen von öffentlichem Interesse, nichtfinanzielle Informationen offenzulegen, sofern sie eine bestimmte Größe und Beschäftigtenzahl erreichen. Staatliche Fachhochschulen fallen als öffentliche oder gemeinnützige Einrichtungen in der Regel nicht in den Anwendungsbereich, weil sie von der Legaldefinition nicht umfasst sind (anders Kreditinstitute und Finanzdienstleister, Versicherungsunternehmen, börsennotierte Unternehmen) und auch nicht von den Mitgliedsstaaten, weder Deutschland noch Österreich, als sogenannte Public Interest Entities (PIE) eingestuft wurden.

Darauf aufbauend erweitert die Corporate Sustainability Reporting Directive (CSRD) den Adressatenkreis und Umfang für die Nachhaltigkeitsberichterstattung. Ein zentrales Element sind die European Sustainability Reporting Standards (ESRS) aus der delegierten Verordnung der EU 2023/2772, die ein harmonisiertes Rahmenwerk für die Nachhaltigkeitsberichterstattung in der EU darstellen. Diese Standards konkretisieren die Anforderungen der CSRD und sollen sicherstellen, dass Unternehmen relevante, vergleichbare und verlässliche Nachhaltigkeitsinformationen offenlegen. Dies trägt zur Sicherstellung der Ziele des European Green Deals und einer nachhaltigen Wirtschaftstransformation bei (vgl. Lanfermann, Schwedler & Schmotz, 2021, S. 762). Mit den Voluntary Sustainability Reporting Standards für nicht börsennotierte Kleinst-, kleine und mittlere Unternehmen (VSME) hat die EFRAG (2024) freiwillige Standards als Alternative zu den ansonsten geltenden komplexen Berichtsanforderungen entwickelt. Sie basieren auf einem Basismodul mit Mindestanforderungen und einem Zusatzmodul mit detaillierteren Informationen. Sie gelten jedoch nur für Unternehmen, die nicht nach den Richtlinien berichtspflichtig sind.

Die CSRD, die am 5. Januar 2023 in Kraft trat, verpflichtet Unternehmen, Informationen über ihre Risiken und Chancen im Zusammenhang mit sozialen

[1] Ein Überblick zu ausgewählten internationalen Nachhaltigkeitsberichtstandards an Hochschulen findet sich in Roose et al., 2024, S. 168 f.

und ökologischen Belangen sowie über die Auswirkungen ihrer Aktivitäten auf Mensch und Umwelt offenzulegen. Sie orientiert sich an Schwellenwerten, ab der eine Institution betroffen ist. Hierbei müssen mindestens zwei der drei Größenmerkmale am Bilanzstichtag erfüllt werden. Einen Überblick zu den aktuell geltenden Kenngrößen gibt die Tabelle 3.1.

Tabelle 3.1 Aktuelle Schwellenwerte der CSRD. (Quelle: Eigene Darstellung)

Kriterium	Große Unternehmen	Mittlere Unternehmen	Kleine Unternehmen	Kleinstunternehmen
Bilanzsumme	>25 Mio. Euro	5 Mio. – 25 Mio. Euro	450.000 – 5 Mio. Euro	Max. 450.000 Euro
Nettoumsatzerlöse	>50 Mio. Euro	10 Mio. – 50 Mio. Euro	900.000 – 10 Mio. Euro	Max. 900.000 Euro
Durchschnittliche Anzahl der während des Geschäftsjahres Beschäftigter	>250 Personen	Max. 250 Personen	Max. 50 Personen	Max. 10 Personen

Der Kreis der von der CSRD betroffenen Organisationen wurde sukzessive erweitert. Die Mitgliedstaaten können höhere Grenzen für kleine Unternehmen festlegen. Alle fünf Jahre ist die Europäische Kommission dazu verpflichtet, die Kriterien zu überprüfen und ggf. anzupassen. Die neuen Regelungen der nicht-finanziellen Berichterstattung sollten für Geschäftsjahre ab dem 01.01.2024, die Berichterstattungspflicht für große Unternehmen ab 01.01.2025 sowie für börsennotierte Klein- und Mittelunternehmen ab 01.01.2026 anwendbar werden.

Doch die Europäische Kommission schlug unerwartet im Februar 2025 mit der sogenannten Omnibus-Initiative vor, dass die Berichtspflichten zeitlich verschoben und bestimmte Unternehmen ausgenommen werden. Durch die Richtlinie (EU) 2025/794 wird deutlich, dass die Berichtspflicht für große Unternehmen erst ab 01.01.2027 und die für börsennotierte Klein- und Mittelunternehmen erst ab 01.01.2028 beginnen soll. Zudem wird es Beratungen zum Anwendungsbereich der großen Unternehmen geben. Diese finale Ausgestaltung der Omnibus-Richtlinie steht momentan noch aus.

Die Mitgliedstaaten waren eigentlich verpflichtet, die CSRD bis zum 6. Juli 2024 in nationales Recht umzusetzen. In Deutschland plante die Bundesregierung, die EU-Vorgaben möglichst bürokratiearm in nationales Recht zu überführen. Ein Gesetzentwurf (Regierungsentwurf zum Gesetz zur Umsetzung der Richtlinie

(EU) 2022/2464) sieht vor, dass Unternehmen, die einen Nachhaltigkeitsbericht im Sinne der CSRD erstellen, zugleich damit ihre Berichterstattungspflicht nach dem nationalen Lieferkettensorgfaltspflichtengesetz erfüllen könnten. Die parlamentarische Weiterberatung stockt jedoch, besonders aufgrund der Diskontinuität des Deutschen Bundestages anlässlich des Regierungsbruchs im November 2024. Da die neue Bundesregierung erst seit Mai 2025 im Amt ist, verzögert sich das weitere parlamentarische Verfahren. Ein neuer Referentenentwurf vom 10.07.2025 liegt Stand September 2025 vor und muss erneut in den Bundestag eingebracht werden. Er enthält Anpassungen eines Teils der Omnibus-Entlastungspakets, nämlich die Verschiebung des Zeitpunkts der Berichtserstattungspflicht (sog. „Stop-the-Clock-Richtlinie"). Hinsichtlich der Entbürokratisierung und möglicher Entlastungen für die Unternehmen enthält der Entwurf derzeit keine Regelungen, weil die Beratungen über diesen Teil der Omnisbus-Initiative (sog. „Substance Proposal) auf EU-Ebene noch nicht abgeschlossen sind.

In Österreich bereitete das Bundesministerium die nationale Umsetzung der CSRD ebenfalls vor, auch hier gab es einen zwischenzeitlichen Regierungswechsel. Dem Gesetzesentwurf nach sollte die CSRD über das Unternehmensgesetzbuch (UGB) und weitere Vorschriften (z. B. GmbH-Gesetz, AG-Gesetz) in nationales Recht überführt werden (vgl. BMJ, 2025). Dieses sogenannte Nachhaltigkeitsberichterstattungsgesetz (NaBeG) würde den Anwenderkreis derer deutlich ausdehnen, die über ihre Nachhaltigkeitsleistungen in den Bereichen Umwelt, Soziales und Governance berichten müssten (vgl. Braun & Senger 2022: S. 119 f).

In beiden Ländern gibt es somit aktuell noch kein finales Umsetzungsgesetz zur CSRD. Mithin wurde die vorgenannte Frist per 6. Juli 2024 versäumt. Die EU-Kommission reagierte mit entsprechenden Vertragsverletzungsverfahren gegen Deutschland und Österreich (EU-Kommission, 2024). Das BMJ hat einen Ministerialentwurf zur allgemeinen Begutachtung jedoch am 13.01.2025 ausgefertigt (vgl. BMJ, 2025). Ein Nationalratsbeschluss steht aus.

Neben der CSRD gibt es die Corporate Sustainability Due Diligence Directive (CSDDD) als Richtlinie 2024/1760 der EU, umgangssprachlich auch „Europäische Lieferkettenrichtlinie" genannt. Sie wurde am 24. April 2024 im EU-Parlament beschlossen und zielt darauf ab, große Unternehmen in der EU sowie bestimmte Drittstaaten-Unternehmen dazu zu verpflichten, Menschenrechts- und Umweltstandards entlang ihrer gesamten Lieferkette einzuhalten und Risiken zu minimieren. Gleichzeitig stärkt sie so die unternehmerische Verantwortung und es empfiehlt sich, jene Kriterien in die Nachhaltigkeitsberichterstattung zu integrieren (vgl. Müller, Baumüller & Scheid, 2023, S. 927).

Nach derzeitigem Stand wären von der CSDDD Unternehmen ab dem Jahr 2027 betroffen, die über mehr als 1000 Mitarbeitende oder mehr als 450 Mio. Euro weltweiten Umsatz verfügen. Für staatliche Fachhochschulen ist diese Regelung eher weniger einschlägig, weil sie große, gewinnorientierte Unternehmen fokussiert. Gleichwohl handelt es sich dabei um Kapitalgesellschaften oder gleichgestellte Rechtsformen, sodass grundsätzlich auch Fachhochschulen als öffentlich finanzierte Bildungseinrichtungen aufgrund der Rechtsform in den Anwendungsbereich der Norm fallen könnten (vgl. Sopp & Baumüller, 2024, S. 97).

Schließlich ist die Verordnung 2020/852 der EU, auch EU-Taxonomie-Verordnung genannt, zu erwähnen, die unmittelbar in den Mitgliedsstaaten gilt. Durch sie sollen ökologische Finanzflüsse gefördert und „Greenwashing" verhindert werden, indem Unternehmen und InvestorInnen nachhaltige Wirtschaftsaktivitäten besser identifizieren können. Hierzu erfolgt eine Klassifizierung und die Formulierung von Umweltzielen. Für Unternehmen bedeutet dies, dass sie den Anteil ihrer Umsätze, Investitionen und Ausgaben, welche der Taxonomie entsprechen, offenlegen und auch angeben, inwieweit sie die Kriterien erfüllen. Auf diese Weise kann sich die öffentliche Wahrnehmung verändern und die Transformation begünstigt werden (vgl. Baumüller, 2020a, S. 63). Die Verordnung richtet sich an Unternehmen, die unter die CSRD bzw. vormals NFRD fallen, sowie an Finanzmarkt-Organisationen wie Banken und Fonds. Damit könnte sie nur bedingt relevant für staatliche Fachhochschulen in Österreich werden.

3.1.2 Nationale Regelungen in Deutschland und Österreich

Wie im vorangegangenen Kapitel festgestellt, fehlen bisher die Umsetzungsgesetze zur CSRD. Dennoch gibt es weitere Regelungen in Deutschland und Österreich, die Nachhaltigkeitsbemühungen und eine etwaige Berichterstattung der staatlichen Fachhochschulen mittelbar einfordern (vgl. Sopp & Baumüller, 2024, S. 97).

Deutschland

In Deutschland sind an erster Stelle die Landeshochschulgesetze zu nennen, welche für Hochschulen beispielsweise Grundsätze, Ziele oder Berichtspflichten definieren (vgl. Sopp & Baumüller, 2024, S. 97). Zwar gilt grundsätzlich die in Abschnitt 2.2 beschriebene Autonomie. Aufgrund der öffentlichen Finanzierung sind die Hochschulen aber häufig verpflichtet, über dic Verwendung öffentlicher Haushaltsmittel den Ministerien[2] oder Parlamenten[3] (Haushaltsausschuss) gegenüber Rechenschaft abzulegen. Politische Vorhaben der Regierungen werden über Zielvereinbarungen, Zuweisungen und Kürzungen von Haushaltsansätzen oder eine Verankerung im Hochschulgesetz realisiert. Sofern die Hochschulgesetze Verordnungsermächtigungen vorsehen, kann die Regulierung noch stärker ausfallen, z. B. per Erlass zur Definition bestimmter Standards oder Berichtsintervalle. Zum Thema Nachhaltigkeit befinden sich bereits in einigen Hochschulgesetzen spezifische Regelungen, aber nicht flächendeckend (vgl. Holst & von Seggern, 2020; Singer-Brodowski & Etzkorn, 2017).

Zu Beginn des Jahres 2023 ist das Lieferkettensorgfaltspflichtengesetz (LkSG) in Kraft getreten, welches große Unternehmen dazu anhält, ihre Lieferkette bezüglich der Einhaltung der Menschenrechte oder Umwelt genauer in den Blick zu nehmen. Diese Überwachung erfordert eine kontinuierliche Dokumentation, um entsprechende Nachweise jederzeit bringen zu können (vgl. Sopp, Baumüller & Scheid 2023, S. 368). Eine inhaltlich enge Verbindung zu sonstigen Berichtsaktivitäten drängt sich förmlich auf. Der Anwendungsbereich ist recht weit gefasst, enthält ebenfalls Schwellenwerte, spricht aber grundsätzlich von „Unternehmen“.[4] Die Unternehmenseigenschaft erfordert eine wirtschaftliche Betätigung, die staatliche Hochschulen in der Rechtsform der K.d.ö.R. nicht aufweisen. Dennoch kann sich indirekt eine Wirkung einstellen, wenn Hochschulen zu Auftragnehmenden oder ZulieferInnen für andere betroffene Unternehmen werden.

Anders sieht es beim Gesetz zur Einführung eines Bundes-Klimaschutzgesetzes (KSG) aus, umgangssprachlich „Klimaschutzgesetz“. Dieses verpflichtet die gesamte öffentliche Hand, einschließlich staatlicher Fachhochschulen, zu einem Beitrag zur Erreichung der nationalen Klimaziele.[5] Die verbindlichen Treibhaus-Reduktionsziele wirken sich vor allem auf die Bereiche Gebäude (Bau und Sanierung), Energie (Verbrauch und Beschaffung)

---

[2] Sie unterliegen als juristische Personen des öffentlichen Rechts den Haushaltsordnungen, vgl. dazu § 71 LHO des Landes Nordrhein-Westfalen: „Das Finanzministerium kann für eingegangene Verpflichtungen und Geldforderungen die Führung eines Nachweises und für andere Bewirtschaftungsvorgänge die Buchführung anordnen.“.

[3] Z.B. § 87 Hochschulgesetz des Landes Berlin zum Haushaltswesen und der Aufsicht darüber.

[4] § 1 Abs. 1. Satz 1 LkSG beginnt wie folgt „Dieses Gesetz ist anzuwenden auf Unternehmen ungeachtet ihrer Rechtsform [...]“.

[5] Besonders § 13 KSG adressiert die Träger öffentlicher Aufgaben und legt ihnen Verpflichtungen bei Planungen und Entscheidungen auf.

sowie Mobilität (z. B. Dienstreisen, Fuhrpark) der Hochschulen aus (vgl. Wissenschaftsrat, 2022). Einige Bundesländer haben in ihren Hochschulgesetzen den Klimaschutz entsprechend konkretisiert. Bezogen auf Beschaffungsprozesse sind zudem umweltbezogene und soziale Kriterien von der öffentlichen Hand zu beachten, um den Zuschlag gegenüber LieferantInnen zu erteilen. Auch hat der Bund im Jahr 2023 ein Bundes-Klimaanpassungsgesetz (KAnG) beschlossen, welches die Bundesländer (inkl. der staatlichen Hochschulen als nachgelagerte Einrichtungen) und Kommunen zur Erstellung von Anpassungskonzepten zwingt. In dieser Hinsicht müssen Hochschulen auch das Kreislaufwirtschaftsgesetz (KrWG) beachten, welches öffentliche Einrichtungen zur Abfallvermeidung und Ressourcenschonung verpflichtet.

Schließlich kann das novellierte Gebäudeenergiegesetz (GEG) genannt werden, weil es die energetischen Anforderungen an Gebäude regelt. Dies umfasst die Energieeffizienz aller Baulichkeiten (Neubauten und Bestandsbauten), aber auch den Betrieb und die Nutzung erneuerbarer Energien oder moderner Heizungsanlagen. Damit betrifft dieses Gesetz die staatlichen Hochschulen in ihrer Eigenschaft als AuftraggeberIn oder BetreiberIn. Es sei aber erwähnt, dass sich in einigen Bundesländern die Liegenschaften im Eigentum des Bundeslandes befinden und die Fachhochschule dann nur MieterIn mit begrenzten Einflussmöglichkeiten ist. Dies kann limitierend auf die Nachhaltigkeitsbemühungen und eine entsprechende Berichterstattung wirken.

Österreich

In Österreich ist für die Gesetzgebung im Fachhochschulbereich der Bund zuständig. Das FHG enthält derzeit keine konkrete Nachhaltigkeitsberichterstattungspflicht,[6] weder der Begriff „Nachhaltigkeit" noch ein Passus zu ökologischen, ökonomischen oder sozialen Bemühungen sind vorhanden.

Aufgrund der gängigen Rechtsform staatlicher Fachhochschulen als Kapitalgesellschaften (siehe Abschnitt 2.2) ist das Unternehmensgesetzbuch (UGB) die wohl wichtigste Rechtsquelle. Nach dem UGB gelten als „Unternehmen" alle auf Dauer angelegten selbstständigen wirtschaftlichen Tätigkeiten, selbst wenn

[6] Wie zum Beispiel im Freistaat Sachsen über § 12 Absatz 1 Satz 1 SächsHG zur Wirtschaftsführung, Rechnungslegung und Finanzierung: „Wirtschaftsführung und Rechnungswesen der Hochschulen richten sich nach kaufmännischen Grundsätzen.". Damit zieht der Gesetzgeber eine Analogie zum HGB.

diese nicht auf Gewinnerzielung gerichtet sind.[7] Somit wären auch gemeinnützige GmbHs (gGmbH) erfasst. Die darin enthaltenen Berichtspflichten (§§ 243 ff. UGB) regeln die nichtfinanzielle Berichterstattung, welche für StakeholderInnen zunehmend relevant ist (vgl. Sopp, Baumüller & Scheid 2023, S. 112) und als Weiterentwicklung der nichtfinanziellen Leistungsindikatoren gilt (vgl. Baumüller, 2018a, S. 461). Zu diesen Erklärungsinhalten gehören u. a. Umwelt- und Sozialbemühungen, aber auch Informationen zu Arbeitnehmerschutz, Achtung von Menschenrechten und der Bekämpfung von Wirtschaftskriminalität.

In Österreich existiert zudem das Nachhaltigkeits- und Diversitätsverbesserungsgesetz (NaDiVeG). Es wurde zur Umsetzung der NFRD in nationales Recht verabschiedet, adressiert aber nur große kapitalmarktorientierte Unternehmen zur nichtfinanziellen Berichterstattung. Aus der Norm ergeben sich die nichtfinanzielle Erklärung (NFE) und der nichtfinanzielle Bericht (NFB) als bedeutende Pflichten für solche Unternehmen (vgl. Baumüller, 2018, S. 94). Staatliche Fachhochschulen fallen üblicherweise nicht darunter, sie sind auch nicht als Unternehmen von öffentlichem Interesse (PIE) eingeordnet.

Weitere Rechtsgrundlagen, an denen sich staatliche Fachhochschulen bei ihren Nachhaltigkeitsbemühungen orientieren können, sind das Klimaschutzgesetz (KSG), Energieeffizienzgesetz (EEffG), Umweltinformationsgesetz (UIG) Umweltverträglichkeitsprüfungsgesetz (UVP-G) sowie Bundes-Umwelthaftungsgesetz (B-UHG). Die Inhalte und Regelungsziele ergeben sich bereits aus den Titeln der Gesetze und ihre Begründung gestaltet sich ähnlich wie in Deutschland. Aus diesem Grund wird auf eine detailliertere Darstellung verzichtet.

Zusammenfassend zeigt sich damit, dass in beiden Ländern zumindest Regelungen bestehen, die einschlägig für die jeweiligen staatlichen Fachhochschulen sind. Eine Mehrzahl der Gesetze gelten für sie jedoch nicht unmittelbar, sondern werden nur mittelbar relevant, weil politische, gesellschaftliche und wettbewerbstechnische Bedingungen sich in Richtung nachhaltiger Kriterien entwickeln. Zudem kann nicht ausgeschlossen werden, dass der nationale Normengeber Gesetzesanpassungen beim Anwendungsbereich vornehmen und den AdressatInnenkreis damit erweitern wird.

[7] § 1 Abs. 2 UGB definiert wie folgt: „Ein Unternehmen ist jede auf Dauer angelegte Organisation selbständiger wirtschaftlicher Tätigkeit, mag sie auch nicht auf Gewinn gerichtet sein.“

3.2 Nachhaltigkeit und Nachhaltigkeitsberichterstattung

Der im vorangegangenen Kapitel 2 dargestellte Rechtsrahmen verdeutlicht, dass Nachhaltigkeitsthemen nicht mehr nur moralische Erwartungen an Organisationen darstellen, sondern längst ein bestimmtes Engagement verbindlich einfordern. Nachfolgend soll aufgezeigt werden, was unter Nachhaltigkeitsbemühungen im Hochschulkontext zu verstehen ist und wie sich eine Berichterstattung hierzu darstellen kann.

3.2.1 Begriff und Bedeutung von Nachhaltigkeit

Nachhaltigkeit ist ein Begriff, der in den letzten Jahren verstärkt an Aufmerksamkeit gewonnen hat und häufig verwendet wird, um Unternehmen, Produkte oder Veranstaltungen als besonders verantwortungsvoll zu präsentieren.[8] Ursprünglich stammt der Begriff jedoch aus der Forstwirtschaft aus dem 18. Jahrhundert, als zunehmende Holznot vorherrschte. Er bezog sich auf die Idee, dem Wald nur so viel Holz zu entnehmen, wie nachwachsen kann, um eine langfristige und stabile Nutzung sicherzustellen (vgl. Holzbauer, 2020, S. 13 ff.).

Laut Borgwardt (2024, S. 1) basiert „[d]as vorherrschende Begriffsverständnis von Nachhaltigkeit […] auf dem Bericht der Brundtland-Kommission der Vereinten Nationen (UN) im Jahr 1987 und der darauffolgenden UN-Konferenz für Umwelt und Entwicklung 1992 in Rio de Janeiro“. Hiernach ist unter Nachhaltigkeit oder einer nachhaltigen Entwicklung der Ausgleich zwischen den drei Dimensionen „wirtschaftliche Effizienz“, „soziale Gerechtigkeit“ und „ökologische Tragfähigkeit“ zu sehen, um die aktuellen Bedürfnisse unter Rücksicht auf uneingeschränkte Möglichkeiten der Folgegenerationen zu verwirklichen (vgl. BMZE, 2025). Jedoch soll auch die „globale Gerechtigkeit im Hinblick auf die Verteilung und Entwicklung von Ressourcen, Wohlstand und Lebensqualität“ (vgl. Borgwardt, 2024, S. 1) zur Verhaltensänderung einbezogen werden. Erweitert wird dieser Ansatz durch einen Dreiklang aus Effizienz bei ergiebiger Nutzung, Konsistenz mit naturverträglicher Nutzung und Suffizienz durch verringerte Nutzung (vgl. IZT 2018, S. 8 ff.).

---

[8] In diesem Kontext sei auf die Problematik des Greenwashings hingewiesen, bei der Unternehmen aus Marketinggründen irrführende Angaben zu ihren Nachhaltigkeitsbemühungen machen, um das Vertrauen der VerbraucherInnen zu gewinnen und ein „grünes“ Image zu bekommen (vgl. Jonker, Stark & Tewes, 2011, S. 66). Oft werden so die negativen Auswirkungen des Wirtschaftens verschwiegen (vgl. Bernard-Rau & Schnerring 2022, S. 55).

Corporate Social Responsibility (CSR) steht für den anfänglichen Fokus von Unternehmen auf den sozialen Aspekt der Nachhaltigkeit. Erst in den 1990er Jahren begann auch die ökologische Perspektive in unternehmerisches Handeln einzufließen. War das Konzept zunächst im angloamerikanischen Raum verbreitet, fand es ab den 2000er Jahren zunehmend auch in der Europäischen Union (EU) seine Beachtung. CSR dient als qualitatives Rahmenwerk, das Institutionen nutzen, um ein nachhaltiges Geschäftsmodell zu entwickeln und es in ihrem Leitbild sowie ihren Werten zu verankern. Im Gegensatz dazu zielt die ESG – Environmental Social Governance (vgl. UNDP 2023) darauf ab, die Nachhaltigkeitsbemühungen und -leistung einer Organisation quantitativ messbar zu machen (vgl. Dathe et al., 2022, S. 135 f.).

Nachhaltigkeit wird nunmehr als vielschichtiges und dynamisches Konzept gesehen, welches bezogen auf Hochschulen nach Albrecht (2006, S. 6 ff.) u. a. zu folgenden Auswirkungen führt:

- verantwortungsvolle Lehre,
- nachhaltige Forschung,
- gerechte Governance-Strukturen und
- gesellschaftliches Engagement.

3.2.2 Relevanz und Nutzen einer Nachhaltigkeitsberichterstattung

Die Nachhaltigkeitsberichterstattung bezeichnet den systematischen Prozess, in dem Organisationen ihre ökologischen, sozialen und wirtschaftlichen Leistungen offenlegen. Auf Ausführungen zu den allgemeinen Grundlagen der Aufstellung und den konkreten Anforderungen an Nachhaltigkeitsberichte wird an dieser Stelle verzichtet. Allgemein ist es Ziel, die Auswirkungen des Handelns auf die Umwelt, die Gesellschaft und die Wirtschaft transparent darzustellen. Nachhaltigkeitsberichte informieren StakeholderInnen, darunter KundenInnen, InvestorInnen, MitarbeiterInnen, Behörden und die Öffentlichkeit, über Maßnahmen und Strategien im Bereich der Nachhaltigkeit (vgl. Hinrichs, 2023, S. 30).

In der Praxis orientiert sich die Nachhaltigkeitsberichterstattung in Deutschland und Österreich häufig an internationalen Standards wie dem Framework vom International Accounting Standard Board (IASB), der Global Reporting Initiative (GRI, 2023), den Sustainability Accounting Standards Board -Standards

(SASB, 2024) oder im Falle von Hochschulen am Hochschul-DNK.[9] Die Anforderungen der CSRD als Richtlinie 2022/2464 der EU definieren den inhaltlichen Orientierungsrahmen.

Die Nachhaltigkeitsberichterstattung ist für Institutionen aus mehreren Gründen von zentraler Bedeutung. Sie ermöglicht es Organisationen, ihre Nachhaltigkeitsbemühungen klar und nachvollziehbar zu kommunizieren. Dies stärkt das Vertrauen von InvestorInnen, KundInnen und anderen StakeholderInnen. Der Berichtsprozess hilft, die nachhaltigen Praktiken systematisch zu evaluieren, zu verbessern und in die Unternehmensstrategie zu integrieren. Und durch die Identifikation und Berichterstattung von Risiken, etwa in den Bereichen Klimawandel, Lieferkettentransparenz oder soziale Verantwortung, können Verantwortliche proaktiv handeln und potenzielle Probleme frühzeitig angehen. Die Beachtung der Vorschriften schützt grundsätzlich auch vor rechtlichen Konsequenzen und Reputationsverlust (Stichwort: Compliance).

Dieses Reporting gewinnt in der Hochschullandschaft deshalb zunehmend an Bedeutung (vgl. Sopp & Baumüller, 2024, S. 98). Denn auch ohne weitreichende rechtliche Verpflichtungen entscheiden sich immer mehr Fachhochschulen für eine freiwillige Nachhaltigkeitsberichterstattung. Da sie für ihre praxisorientierte Ausbildung bekannt sind, sehen sie sich steigenden Erwartungen gegenüber, die sozialen, ökologischen und wirtschaftlichen Auswirkungen transparent darzustellen (vgl. Rieckmann et al., 2024). Als Bildungseinrichtungen tragen sie eine besondere Verantwortung für die Gestaltung einer nachhaltigen Zukunft, z. B. die Förderung einer nachhaltigen Denkweise und Lebensweise bei Studierenden und Mitarbeitenden. Zugleich fördert dies Transparenz, stärkt das gesellschaftliche Commitment und positioniert die Institution als Vorzeigebeispiel in einem zunehmend nachhaltigkeitsbewussten Bildungsumfeld (vgl. Lozano et al., 2015). Nachhaltigkeit wird damit gleichfalls zum Differenzierungsmerkmal im Wettbewerb zwischen Hochschulen. Durch Nachhaltigkeitsberichte können nämlich Alleinstellungsmerkmale hervorgehoben werden, die die Institution attraktiv für Partner, Studierende, künftige MitarbeiterInnen sowie Förderprogramme machen. Denn auf diese Weise ergibt sich auch eine Vergleichbarkeit zwischen diversen MarktteilnehmerInnen (vgl. Auer, Borcherding & Möller, 2022, S. 115). Nachhaltigkeitsberichte wirken sich insoweit positiv auf die Markenwahrnehmung und die emotionale Verbundenheit aus. Zugleich kann eine systematische

---

[9] Der Hochschul-DNK ist ein Ergänzungsleitfaden für Hochschulen, um ihnen eine branchenangepasste Struktur für Nachhaltigkeitsberichte zu geben. Er umfasst neben den klassischen Kriterien wie Strategie, Ressourcenschonung, Chancengleichheit, Menschenrechte, Governance auch hochschulspezifische Indikatoren wie Nachhaltigkeitsforschung, Campus-Entwicklung und die Verankerung in Studium in Lehre.

Auseinandersetzung mit Nachhaltigkeitsaspekten durch Reportingprozesse zu einer Optimierung interner Abläufe, einer besseren Ressourcennutzung und intelligenteren strategischen Planung führen (vgl. Lautermann & Pfriem 2021, S. 531 ff.).

In allen Handlungsfeldern einer Hochschule (Betrieb, Governance, Lehre, Forschung und Transfer) ist das Thema relevant und damit ein sogenannter „Whole-Institution Approach" (vgl. Stifterverband, 2022, S. 2 f.). Es muss aber als „handlungsleitendes Konzept" von allen AkteurInnen so verstanden werden und bedarf langfristiger, flexibler Strukturen (vgl. Stifterverband, 2022, S. 3.). Für zunehmend mehr Hochschulen ist das Mapping bzw. Tracking der 17 Ziele für Nachhaltige Entwicklung der Vereinten Nationen (Sustainable Development Goals – SDG) ein diesbezüglich unterstützender Ansatz.[10]

Zusammenfassend kann die Nachhaltigkeitsberichterstattung als Öffentlichkeitsarbeit (Public Relations) zur Kommunikation relevanter Informationen, als Rechnungslegung im Sinne einer konventionellen Finanzberichterstattung[11] und Steuerungstool für Managemententscheidungen beschrieben werden (vgl. Albrecht, 2006, S. 4 f.).

3.2.3 Formen der Berichterstattung von Hochschulen

Staatliche Hochschulen unterscheiden sich zum Teil deutlich von typischen Unternehmen. Einerseits wurde im Kapitel 2 schon auf die fehlende Gewinnerzielungsabsicht eingegangen, andererseits ergeben sich wesentliche Unterschiede bei den Rechtsformen, Strukturen und Prozessen. Managementansätze lassen sich nicht ohne Weiteres übertragen, sie können allenfalls eine Grundlage darstellen (vgl. Albrecht, 2006, S. 8). Fachhochschulen haben überdies eine gesellschaftliche Verantwortung, für die es eine „Reputations- und Legitimitätssicherung" und Profilierung innerhalb der Hochschullandschaft braucht. Neben der Einbindung wichtiger StakeholderInnen sollen Diskussionsprozesse die Innovativität und Effizienz des Managements sichern, aber auch strategische Ziele und eine

[10] Laut dem Hochschul-Barometer 2022 des Stifterverbands für die deutsche Hochschullandschaft bezogen im Jahr 2022 schon ca. 39 % der Hochschulen die SDGs in den verschiedenen Handlungsfeldern ein. Mapping steht für die systematische Zuordnung von Daten, Aktivitäten und Dokumenten (vgl. Raman et al., 2023). Tracking bezeichnet die kontinuierliche Überwachung und Messung des Fortschritts nach bestimmten Indikatoren (vgl. Dang & Serajuddin, 2019).

[11] Zur Entstehung der Nachhaltigkeitsberichterstattung aus der Finanzberichterstattung sowie Abgrenzungsansätze: Herzig & Schaltegger, 2006, S. 304 ff.

organisatorische Rechnungslegung ermöglichen (vgl. Albrecht, 2006, S. 8 ff.). Die von Schaltegger und Wagner (2006, S. 316) beschriebenen Outside-In- bzw. Inside-Out-Perspektivmöglichkeiten erscheinen auch für Hochschulen als Kombination sehr passend.

Die Formen und Inhalte der Berichterstattung sind dabei vielfältig und abhängig von vorherrschenden rechtlichen Verpflichtungen (siehe Abschnitt 3.1), von institutionellen Ressourcen sowie der gewählten strategischen Ausrichtung. Zahlreiche Fachhochschulen veröffentlichen mittlerweile freiwillige Nachhaltigkeitsberichte, integrieren die Informationen in Geschäfts- und Leistungsberichte, veröffentlichen die Informationen in Nachhaltigkeitsportalen oder auf der eigenen Homepage. Sie greifen dabei auf empfohlene Berichtsformate und Indikatorensysteme (z. B. GRI mit Anpassungen) sowie den Deutschen Nachhaltigkeitskodex bzw. die Anpassung Hochschul-DKN zurück (vgl. Borgwardt, 2024, S. 6). Ein einheitlicher, verpflichtender Standard für eine kohärente Berichterstattung staatlicher Fachhochschulen existiert jedoch nicht.

3.3 Zwischenfazit

Bezogen auf den ersten Teil der theoriegeleiteten Forschungsfrage zur Verpflichtung aus rechtlichen Regelungen lassen sich folgende vorläufige Antworten aus der Literatur ableiten:

EU-Richtlinien knüpfen mehrheitlich an die typischen Rechtformen von Kapitalgesellschaften oder an eine Tätigkeit als börsennotiertes bzw. kapitalmarktorientiertes Unternehmen an. Nicht gewinnorientierte Unternehmen oder gemeinwohlorientierte Körperschaften des öffentlichen Rechts werden nicht umfasst. Die Einordnung von staatlichen Fachhochschulen als Public Interest Entities (PIE) müssten die Mitgliedsstaaten für staatliche Fachhochschulen regeln, haben sie jedoch bisher nicht getan.

In Deutschland ergibt sich daher eine Nachhaltigkeitsberichterstattungspflicht für die typischen Rechtsformen der staatlichen Fachhochschulen bisher weder nach der Zielsetzung auf EU-Ebene, noch mangels erfolgter Umsetzungsgesetze. Damit sind die Hochschulgesetze der Bundesländer die einzigen Rechtsgrundlagen, die staatliche Fachhochschulen zu einer Nachhaltigkeitsberichterstattung verpflichten. Weitere thematisch verwandte Gesetze wirken nur mittelbar, also eher motivierend.

Für Österreich ergibt es ein anderes Bild: durch die weitverbreitete Rechtsform der GmbH bzw. gGmbH haben staatliche Fachhochschulen diejenige Rechtsform, an die die europäischen Regeln grundsätzlich die Verpflichtung knüpfen.

Es kommt deshalb auf das Erreichen der Schwellenwerte an, ob die Organisation berichtspflichtig ist oder nicht. Aufgrund des fehlenden Umsetzungsgesetzes (auch unter Einbeziehung der Planungen aus der Omnibus-Initiative) kann nicht gesagt werden, ob der nationale Gesetzgeber einen Passus zur endgültigen Klarstellung aufnimmt, der Universitäten und Fachhochschulen von der Pflicht entbinden würde. Inwieweit dies der Vorbildfunktion öffentlicher Einrichtungen gerecht würde, sei dahingestellt. Denn grundsätzlich bleibt es beim Spannungsfeld zwischen Transparenzanforderungen und der primär gemeinnützigen, mithin auch nachhaltigen Aufgabe der Fachhochschulen. Daneben herrschen häufiger auch Holding-Strukturen bei den ErhalterInnen der Fachhochschulen vor, wodurch sich Berichtspflichten ergeben können.

Für beide Länder gilt: Obwohl überwiegend keine direkte Betroffenheit von nationalen oder EU-Vorgaben zur Nachhaltigkeitsberichterstattung besteht, steigt der Druck für staatliche Hochschulen, in einem Rechtsstaat ökologische und soziale Verantwortung transparent darzustellen. Diese vorläufigen theoretischen Erkenntnisse gilt es gleichfalls im Rahmen einer empirischen Untersuchung im nachfolgenden Kapitel 4 zu überprüfen und ggf. zu erweitern.

Empirischer Teil

4

Nachdem im vorangegangenen Kapitel diverse theoretische Grundlagen und Definitionen dargestellt wurden, aber die Forschungsfragen aus der Literatur heraus noch nicht endgültig beantwortet werden konnten, erfolgt nun mithilfe der Empirie ein Versuch, die bestehende Datenbasis zu erweitern. Dabei wird zuerst das methodische Vorgehen im Detail erläutert, um dann ab dem Abschnitt 4.9 die Analyseschritte, die Ergebnisse und deren Interpretation präsentieren zu können.

4.1 Begründung und Notwendigkeit der Empirie

Unter Empirie, griechisch „empeiria" – übersetzbar als „auf Erfahrung beruhend", versteht man wissenschaftlich eine Vorgehensweise, bei der messbare, beobachtbare oder erfahrbare Daten im Mittelpunkt stehen und eher nicht die theoriegeleitenden Ansätze (vgl. Diekmann, 2017, S. 23). Hierbei sind systematische, methodisch nachvollziehbare und reproduzierbare Schritte einzuhalten, damit in einem anerkannten Verfahren Erkenntnisse überprüft oder neues Wissen gewonnen werden können (vgl. Bortz & Döring, 2016, S. 3).

Ausgehend davon, dass im ersten Teil der Ausarbeitung Annahmen aus der bestehenden Literatur heraus getroffen wurden, erlaubt ein empirisches Vorgehen die Kontrolle, oder im Bereich der qualitativen Forschung zum Beispiel auch die

---

Ergänzende Information Die elektronische Version dieses Kapitels enthält Zusatzmaterial, auf das über folgenden Link zugegriffen werden kann https://doi.org/10.1007/978-3-658-49951-8_4.

D. S. Schaebs, *Nachhaltigkeitsberichterstattung an staatlichen Hochschulen*, BestMasters, https://doi.org/10.1007/978-3-658-49951-8_4

Anpassung und Weiterentwicklung bestehender Konzepte (vgl. Mayring, 2015, S. 27). Es bietet sich besonders dann an, wenn zu einem Thema bisher keine oder nur sehr wenige wissenschaftliche Daten existieren. In solchen Fällen wird die empirische Forschung gezielt eingesetzt, um Forschungslücken zu schließen, oder eine Grundlage für zukünftige Studien zu schaffen (vgl. Flick, 2020, S. 19). Da eine solche Forschungslücke für die hier behandelte wissenschaftliche Fragestellung angenommen wird (siehe Abschnitt 1.1), erscheint eine empirische Datenerhebung geeignet und geboten.

4.2 Forschungsstrategie und -design

Wenn sowohl die theoretische als auch empirische Datenbasis lückenhaft erscheinen, bietet sich eine explorative Forschungsstrategie an, bei der erste Erkenntnisse und Zusammenhänge zielgebend sind. Im Vordergrund steht die Frage nach dem, was bislang noch nicht bekannt ist. Besonders dienlich ist dies bei neuen, dynamischen oder schwer zugänglichen Themenfeldern, etwa bei politisch motivierten Prozessen (vgl. Meuser & Nagel, 2009, S. 467). Die Nachhaltigkeitsberichterstattung im Bereich der Hochschulen fällt in solch einen Untersuchungsbereich.

Eine deskriptive Strategie kommt hingegen nicht in Frage, weil hierbei die systematische Beschreibung bereits bekannter Sachverhalte in Form einer Zustandsaufnahme fokussiert würde. Dabei könnte nämlich eher geklärt werden, welche und wie häufig bestimmte Merkmale vorhanden sind, um sie tendenziell zu vergleichen (vgl. Diekmann, 2017, S. 22).

Mit einem Forschungsdesign werden die systematische Planung, Strukturierung und Durchführung der Untersuchung beschrieben. Dabei geht es im vorliegenden Fall nicht um Zähl- oder Messwerte, die quantitativ erhoben werden sollen (vgl. Häder 2019, S. 13 f.; vgl. Kirchmair, 2022, S. 2 ff.), sondern um das Verstehen von Bedeutungen, Handlungslogiken und subjektiven Sichtweisen. Letzteres bedingt eine qualitative Ausgestaltung, auch unter Berücksichtigung der gestellten Forschungsfragen (vgl. Mayring, 2015, S. 17).

Mithilfe von ExpertenInnen-Interviews kann je nach Grad der Standardisierung offen, mit Alltagsbezug und Lebenserfahrung an eine wissenschaftliche Zielsetzung herangegangen werden. Unter dem Standardisierungsgrad versteht man, wie stark die Interviewenden die Struktur, Fragestellung und Abläufe vorgeben. Unterschieden wird in offene (narrativ), leitfadenbasierte (semi-strukturiert) sowie standardisierte Interviews (vgl. Bogner, Littig & Menz, 2014, S. 36; Meuser & Nagel, 2009, S. 472).

4.3 Semi-strukturierte Interviews

Für die Interviews wird hier eine halbstrukturierte Vorgehensweise gewählt, der ein vorher definierter Leitfaden (siehe Abschnitt 4.5) zur Gewährleistung der intersubjektiven Nachvollziehbarkeit zugrunde liegt (vgl. Flick, 2020, S. 149). Dies ermöglicht einen effektiven Ausgleich zwischen einer offenen Gesprächsatmosphäre und etwaigen thematischen Steuerungsoptionen (vgl. Bogner, Littig & Menz, 2014, S. 36). Denn vor allem ExpertInnen verfügen über einen impliziten Wissensstand und entsprechende Erfahrungsperspektiven zum Thema, welche so individuell und vielfältig sind, dass eine flexible Anpassung der Gesprächsführung und vertiefende Fragestellungen je nach Kontext notwendig werden (vgl. Meuser & Nagel, 2009, S. 472). Dennoch bleibt auch im Falle der semistrukturierten Variante eine methodische Vergleichbarkeit der Ergebnisse aufgrund der systemischen Erhebung gewährleistet (vgl. Gläser & Laudel, 2010, S. 117).

Zudem hätte eine zu starke Standardisierung nachteilige Folgen für den Erkenntnisgewinn, wenn hierdurch beispielsweise unerwartete Informationen in der Abhandlung der Fragen unterdrückt würden oder die InterviewpartnerInnen den notwendigen Raum zur Entfaltung nicht bekämen (vgl. Flick, 2020, S. 151).

4.4 Auswahl der ExpertInnen

Ausgehend vom lateinischen Begriff „expertus" kann angenommen werden, dass nur bestimmte Personen für die beabsichtigten Interviews qualifiziert sind (vgl. Koß, 2013, S. 155). Sie müssen sich durch fundierte Kenntnisse und ein tieferes Verständnis für die Thematik auszeichnen (vgl. Bogner, Littig & Menz, 2014, S. 9), und können unter Umständen sogar Insiderwissen und Erfahrungen preisgeben, die auf anderem Wege nicht erkundbar wären (vgl. Lauth, Pickel & Pickel, 2009, S. 169). ExpertInnen dienen als Träger institutionellen oder erfahrungsbasierten Wissens (vgl. Gläser & Laudel, 2010, S. 12–13). Die Einordnung kann aber grundsätzlich abhängig vom Forschungsgegenstand sein (vgl. Berger-Grabner, 2016, S. 142).

Ausschlaggebend ist, dass im Vorfeld der stattfindenden Interviews eine sorgfältige Einschätzung und Auswahl zur Gewährleistung der vorgenannten Eigenschaften getroffen wird (vgl. Kaiser, 2014, S. 38 ff.) Für die Interviews werden insgesamt sieben Personen herangezogen, von denen drei aus Deutschland und vier aus Österreich stammen, um der wissenschaftlichen Fragestellung dieser Arbeit ausreichend gerecht werden zu können. An dieser Stelle sei darauf hingewiesen, dass ein Experte zwar an einer Universität hauptberuflich beschäftigt ist, er aber Lehraufträge an staatlichen Fachhochschulen als externer Lektor wahrnimmt. Bezogen auf das Forschungsthema genießt er aufgrund seiner Expertise und Publikationen eine hohe Anerkennung in der Branche. Die ExpertInnenstellung wird nur abstrakt beschrieben, um keine personenbezogenen Rückschlüsse zuzulassen. Die Tabelle 4.1 gibt einen Überblick zu den ExpertInnen einschließlich relevanter Berufsdaten.

Tabelle 4.1 Übersicht zu den ExpertInnen. (Quelle: eigene Darstellung)

Nr.	Land	Hochschule	Einsatzposition
E1	Deutschland	Staatliche Hochschule in Deutschland	KlimaschutzmanagerIn in einem hochschulintegrierten Drittmittel-Projekt
E2	Österreich	Staatliche Universität Österreich	LektorIn FH / WissenschaftlerIn
E3	Österreich	Staatliche Hochschule Österreich	LeiterIn der Stabstelle für Nachhaltigkeit
E4	Österreich	Staatliche Hochschule in Österreich	KoordinatorIn für Nachhaltigkeit
E5	Deutschland	Staatliche Hochschule Deutschland	Leitung der Stabstelle Nachhaltigkeit
E6	Österreich	Staatliche Hochschule Österreich	Leitung eines Kompetenzzentrums für Sustainability
E7	Deutschland	Staatliche Hochschule Deutschland	ProrektorIn für die Bereiche Forschung und Nachhaltigkeit

Wie aus der Tabelle ersichtlich, haben alle ExpertInnen einen direkten Bezug zum Forschungsthema, weil die berufliche Stellung sie zu den zentralen AnsprechpartnerInnen für die potenzielle Nachhaltigkeitsberichterstattung der Hochschule macht bzw. sie entsprechende Zuarbeiten dafür leisten. Sie alle verfügen über die notwendige Expertise, um hinsichtlich der Schwerpunkte dieser Arbeit fundierte Kenntnisse und Erfahrungen aus verschiedenen Blickwinkeln und Einsatzpositionen einbringen zu können (vgl. Quast, 2021, S. 52 ff.).

4.5 Interview-Leitfaden

Mithilfe des Interview-Leitfadens sollen die Forschungsfragen operationalisiert werden. Denn wie bereits in Abschnitt 4.2 beschrieben, zielt die qualitative Forschung auf Informationen, die in keiner messbaren Form vorliegen. Es würde die ExpertInnen eventuell sogar überfordern, wenn die sehr komplexen Forschungsfragen die alleinige Struktur des Interviews vorgeben. Deshalb muss die Ausgangsfrage in möglichst kleinere Einheiten wie Unterfragen oder Stichpunkte zerlegt werden (vgl. Döring & Bortz, 2016, S. 372 ff.), mit deren Hilfe sich der oder die Interviewende der Gesamtantwort wiederum nähern kann. Um möglichst viel Raum für Antworten zu geben, bieten sich offene Fragestellungen an (vgl. Meyen et al., 2011, S. 83). Geschlossene Fragestellungen und jene, die mit kurzen Fakten wie Zahlen beantwortet werden könnten, gilt es tendenziell zu vermeiden.

Die Fragen im Leitfaden können der Tabelle 4.2 entnommen werden.

Aus der Tabelle ist erkennbar, dass aus den Forschungsfragen zunächst Themenblöcke abgeleitet wurden, die einerseits sinnleitend für das Gespräch, aber auch entscheidend für die spätere Kategorisierung, waren (siehe Abschnitt 4.9.2 – deduktive Kategorienbildung). Auf diese Weise kann sichergestellt werden, dass wirklich alle offenen Zielstellungen erkannt und mitberücksichtigt werden. Aus den Forschungsfragen ergaben sich so die Berreiche „Verpflichtungen aus rechtlichen Vorgaben" und „Motivation aus rechtlichen Vorgaben", „Erfahrungen bei der freiwilligen oder verpflichtenden Nachhaltigkeitsberichterstattung" sowie „Förderung von Nachhaltigkeitsberichterstattung". Eingerahmt wurden diese Schwerpunkte durch Einleitungs- und Abschlussinhalte, um wichtige Informationen zum Datenschutz aufzunehmen und grundsätzlich auch eine förderliche Gesprächsatmosphäre herzustellen.

Tabelle 4.2 Interview-Leitfaden. (Quelle: eigene Darstellung)

A	**Begrüßung und Einstieg**
	• Vielen Dank, dass Sie sich Zeit genommen haben. Ich bin Student im Studiengang Wirtschaftsrecht der Hochschule Burgenland. • Dieses Interview ist Teil meiner Masterarbeit mit dem Titel – „Nachhaltigkeitsberichterstattung an staatlichen Fachhochschulen in Deutschland und Österreich – eine qualitative Untersuchung rechtlich und freiwillig motivierter Reporting-Aktivitäten“ • Kurze Erklärung zur Wirkung der Masterarbeit – Ziel der Masterarbeit ist die Beantwortung mehrerer Forschungsfragen und die Erstellung einer Handlungsempfehlung für staatliche Fachhochschulen und den Gesetzgeber. – Ziel des Interviews ist es, Ihre Perspektive in Bezug auf die Nachhaltigkeitsberichterstattung und deren praktische Umsetzung einzubeziehen. Dafür werde ich Ihnen nacheinander in Themenblöcken Fragen stellen: 1. Allgemein zur Person und den Bezug zum Thema 2. Verpflichtungen aus rechtlichen Vorgaben 3. Motivation aus rechtlichen Vorgaben 4. Erfahrungen bei der freiwilligen oder verpflichtenden Nachhaltigkeitsberichterstattung 5. Förderung von Nachhaltigkeitsberichterstattung 6. Abschluss • Im Rahmen dieser Masterarbeit spreche ich mit insgesamt 7 ExpertInnen mit unterschiedlichen Rollen und Blickwinkeln zum genannten Themenbezug. • Ich habe einige Fragen vorbereitet, die ich gerne mit Ihnen in den nächsten 45 – 60 Minuten besprechen möchte • Ich werde mir zu Ihren Antworten Stichpunkte notieren, um wesentliche Aussagen festzuhalten und gegebenenfalls nachhaken zu können. • Für die notwendige qualitative Datenauswertung würde ich das Interview gerne aufzeichnen und transkribieren. Sind Sie damit einverstanden? Hinweis auf Datenerhebung und -verarbeitung nach DSGVO mit ausdrücklicher Zustimmung. • Die Ergebnisse werden im Anschluss ausgewertet und aufbereitet. Sind Sie mit der namentlichen Nennung als ExpertIn einverstanden? • Haben Sie noch Rückfragen bevor wir einsteigen?

(Fortsetzung)

Tabelle 4.2 (Fortsetzung)

B	**Allgemeines zur Person und Bezug zum Thema**
	1. Bitte beschreiben Sie, welche Rolle Sie in Ihrer Organisation erfüllen. 2. Welchen Bezug haben Sie zum Forschungsthema? 3. Wie lange arbeiten Sie schon in diesem Bereich?
C	**Forschungsfrage 1:** Welche rechtlichen Vorgaben verpflichten bzw. motivieren staatliche Fachhochschulen in Deutschland und Österreich zu einer Nachhaltigkeitsberichterstattung? **Themenblock „Verpflichtungen aus rechtlichen Vorgaben" – deduktive Hauptkategorie**
	1. Welche rechtlichen Vorgaben zur Nachhaltigkeitsberichterstattung sind in Ihrem Tätigkeitsbereich von Bedeutung? 2. Inwieweit spielen weitere Gesetze oder Vorschriften (z. B. Umwelt-, Klimaschutz-, Haushaltsrecht) eine Rolle für die Nachhaltigkeitsberichterstattung an Fachhochschulen? 3. Wie beeinflussen europäischen Vorgaben die tägliche Nachhaltigkeitsberichterstattung? 4. Welchen Einfluss hat die Größe der Fachhochschule auf die Pflicht zur Nachhaltigkeitsberichterstattung? 5. Welchen Einfluss hat die Rechts- bzw. Organisationsform, in der sich die Fachhochschule befindet, auf die Pflicht zur Nachhaltigkeitsberichterstattung? 6. Wie bereiten Sie sich auf rechtliche Veränderungen im Bereich der Nachhaltigkeitsberichterstattung regelmäßig vor? 7. Welche rechtlichen Entwicklungen oder Änderungen erwarten Sie in den nächsten Jahren im Bereich der Nachhaltigkeitsberichterstattung für Fachhochschulen?

(Fortsetzung)

Tabelle 4.2 (Fortsetzung)

D	**Forschungsfrage 1:** Welche rechtlichen Vorgaben verpflichten bzw. motivieren staatliche Fachhochschulen in Deutschland und Österreich zu einer Nachhaltigkeitsberichterstattung? **Themenblock „Motivation aus rechtlichen Vorgaben" – deduktive Hauptkategorie**
	1. Welche rechtlichen Vorgaben (national oder europäisch) sind Ihnen bekannt, die zwar nicht zwingend verpflichtend, aber motivierend für Fachhochschulen wirken, eine Nachhaltigkeitsberichterstattung durchzuführen? 2. Inwieweit sehen Sie in den bestehenden rechtlichen Vorgaben nicht nur eine Verpflichtung, sondern auch eine Motivation für Fachhochschulen, die Nachhaltigkeitsberichterstattung vorzunehmen? 3. Welche Regelungen aus den Hochschulgesetzen spielen eine Rolle für die Nachhaltigkeitsberichterstattung? 4. Welche Erwartungen der Ministerien oder Aufsichtsbehörden motivieren die Fachhochschulen zur freiwilligen Nachhaltigkeitsberichterstattung? 5. Welche Rolle spielt der Deutsche Nachhaltigkeitskodex für die Nachhaltigkeitsberichterstattung an Fachhochschulen? 6. Wie sehen Sie die Bedeutung einer Nachhaltigkeitsberichterstattung in Hinblick auf die Einwerbung von Fördermitteln und Zuschüssen? 7. Welchen Einfluss auf die Nachhaltigkeitsberichterstattung hat es, dass der Staat bzw. öffentliche Gelder für den Erhalt der Fachhochschule sorgen? 8. Inwiefern sehen hochschulinterne Governance-Instrumente (z. B. Satzungen, Hochschulstrategien) motivierende Aspekte für eine Nachhaltigkeitsberichterstattung vor? 9. Wie bedeutend ist aus Ihrer Sicht eine Nachhaltigkeitsberichterstattung der Fachhochschule für die regelmäßige Akkreditierung und Qualitätssicherung? 10. Wie stark motiviert Sie das öffentliche Informationsinteresse am Thema Nachhaltigkeit, Klimaschutz und Ressourceneinsatz zu einer freiwilligen Nachhaltigkeitsberichterstattung? 11. Wie sehr lassen Sie sich von den Nachhaltigkeitsbestrebungen und der entsprechenden Berichterstattung anderer Hochschulen zu eigenen Initiativen motivieren? 12. Inwieweit ist Ihnen das Berichtskonzept der Wissensbilanz bekannt?

(Fortsetzung)

Tabelle 4.2 (Fortsetzung)

E	**Forschungsfrage 2:** Welche Erfahrungen bestehen an staatlichen Fachhochschulen in Deutschland und Österreich hinsichtlich einer freiwilligen oder verpflichtenden Nachhaltigkeitsberichterstattung? **Themenblock „Erfahrungen bei der Nachhaltigkeitsberichterstattung" – deduktive Hauptkategorie**
	1. Wie bewerten Sie allgemein die aktuelle Bedeutung von Nachhaltigkeit im Hochschulkontext? 2. Wie erfolgreich und effektiv bewerten Sie die Nachhaltigkeitsberichterstattung an der Fachhochschule aus Ihrer Sicht? 3. Inwieweit arbeiten andere Bereiche und Externe mit Ihnen zusammen, um die Nachhaltigkeitsberichterstattung umzusetzen? 4. Wie hoch schätzen Sie den Anteil an freiwilligen Aktivitäten zu verpflichtenden Aktivitäten im Bereich der aktuellen Nachhaltigkeitsberichterstattung ein? 5. Welchen Herausforderungen und Problemen (z. B. personelle Ressourcen, Datenverfügbarkeiten, Know-How) sind Sie im Bereich der Nachhaltigkeitsberichterstattung bisher begegnet? 6. Wie schätzen Sie Ihre Ressourcen dazu generell ein? 7. Welche Orientierung bietet Ihnen die Unternehmen der Privatwirtschaft für die Nachhaltigkeitsberichterstattung? 8. Inwieweit mussten Sie für bisherige Geschäftspartner Informationen liefern, weil diese als Unternehmen/Institution bereits nachhaltigkeitsberichterstattungspflichtig sind (Stichwort: Wertschöpfungskette)? 9. Welche Anpassungen (Prozesse/Strukturen/Personal) waren aufgrund neuer rechtlicher Vorgaben in der Vergangenheit nötig? 10. Welche Rückmeldungen erhalten Sie bezüglich der Akzeptanz und Umsetzung der Nachhaltigkeitsberichterstattung? 11. Inwiefern hat die Einführung der Nachhaltigkeitsberichterstattung zu einem Umdenken innerhalb der Hochschulkultur geführt? 12. Welche Auszeichnungen, Wettbewerbe oder Rankings sind Ihnen bekannt, die sich auf eine verpflichtende oder freiwillige Nachhaltigkeitsberichterstattung beziehen und was denken Sie darüber? 13. Welche Risiken sehen Sie aufgrund der Praxiserfahrungen für einen Ausbau der Pflichten zur Nachhaltigkeitsberichterstattung an Fachhochschulen? 14. Welche „Lessons learned" lassen sich aus Ihren bisherigen Erfahrungen ableiten? 15. Was würden Sie Hochschulen empfehlen, die noch keine Erfahrungen mit der Nachhaltigkeitsberichterstattung haben, aber zukünftig einführen wollen?

(Fortsetzung)

Tabelle 4.2 (Fortsetzung)

F	**Forschungsfrage 3:** Welche Maßnahmen kann der Gesetzgeber treffen, damit die Nachhaltigkeitsberichterstattung an staatlichen Fachhochschulen in Deutschland und Österreich gefördert wird? **Themenblock „Förderung von Nachhaltigkeitsberichterstattung" – deduktive Hauptkategorie**
	1. Wie ausreichend halten Sie die derzeitigen rechtlichen Rahmenbedingungen für die Sicherstellung einer flächendeckenden Nachhaltigkeitsberichterstattung an Fachhochschulen? 2. Welche Lücken gibt es aus Ihrer Sicht im rechtlichen Rahmen für eine bessere Nachhaltigkeitsberichterstattung an Fachhochschulen? 3. Wie könnte Ihrer Meinung nach der Gesetzgeber Anreizsysteme verbessern, um die Nachhaltigkeitsberichterstattung an Fachhochschulen noch stärker zu fördern? 4. Inwieweit würden Sie es befürworten, die Nachhaltigkeitsberichterstattung explizit in den Hochschulgesetzen zu verankern? 5. Inwiefern könnte eine Ausweitung bestehender europäischer Berichtsstandards explizit auch auf Wissenschaftseinrichtungen wie Fachhochschulen sinnvoll sein? 6. Wie sinnvoll halten Sie eine Verknüpfung von Fördermitteln an Fachhochschulen (z. B. Drittmittel, Grundfinanzierung) mit der Einhaltung von Nachhaltigkeitskriterien und einer Berichterstattung hierzu? 7. Wie stehen Sie zur Vorgabe von bestimmten Berichtsformaten für die Nachhaltigkeitsberichterstattung für alle Unternehmen und sonstigen Einrichtungen im Land? 8. Was denken Sie über eine öffentliche Datenbank oder Plattform, auf der die Nachhaltigkeitsberichte der Hochschulen veröffentlicht werden müssen und vergleichbar sind? 9. Welche Potenziale sehen Sie in einer stärkeren Vernetzung staatlicher Hochschulen im Sinne von Nachhaltigkeitsnetzwerken mit Best-Practice-Ansätzen? 10. Wie stehen Sie dazu, einen gemeinsamen Nachhaltigkeitsbericht für alle Fachhochschulen, in den dann die Fachhochschulen hinein arbeiten? 11. Welche Empfehlungen würden Sie Fachhochschulen geben, um sich strategisch auf zukünftige Anforderungen zur Nachhaltigkeitsberichterstattung vorzubereiten?
G	**Abschluss**
	Nun sind alle Fragen beantwortet – haben Sie noch etwas, über das wir noch nicht gesprochen haben? • Ich werde die Ergebnisse der Interviews nun zusammenführen, aufbereiten und in den weiteren Prozess einfließen lassen. • Sollte Ihnen noch etwas Wichtiges einfallen, können Sie sich gerne melden. Ich danke Ihnen herzlich für Ihre Zeit. • Die Masterarbeit wird voraussichtlich im Juli 2025 eingereicht. • Vielen Dank für das Gespräch und Ihre Perspektive auf das Thema

4.6 Pre-Test

Um Verständnisprobleme und sprachliche Unwägbarkeiten, aber auch Optimierungspotenziale und Qualitätsverbesserungen, aufzudecken, empfiehlt sich ein Pre-Test des Forschungsinstruments (vgl. Häder, 2015, S. 395 ff.; Weichbold, 2019, S. 349 ff.). Dabei geht es in erster Linie darum, die einzelnen Fragen des Interviewleitfadens an einem Untersuchungsobjekt mit ähnlichen Merkmalsausprägungen unter realen Bedingungen zu erproben. Hierzu wurde ein Interview mit Hon.Prof. (FH) Mag. Dr. Helmut Siller, Experte für Rechnungswesen und Controlling, am 25.03.2025 über die Software Microsoft Teams geführt.

Das Interview erschien mit 56 Minuten und 25 Sekunden nicht den zeitlichen Rahmen zu überschreiten. Sowohl Aufzeichnung als auch Transkription verliefen trotz einiger österreichischer Begrifflichkeiten einwandfrei. Im Rahmen der Testung ergaben sich vor allem Nachfragen, die auf einen zu verschachtelten Satzbau zurückzuführen waren. Entsprechend wurde auf eine prägnantere Fragestellung im finalen Leitfaden geachtet. Ferner wurde festgestellt, dass einige spätere Themen bereits durch die Antworten des Probanden im Vorfeld angesprochen wurden. Auf diese Erkenntnis konnte mit einer Veränderung der Reihenfolge reagiert werden, wobei die Fragestellungen nach Wichtigkeit geordnet wurden, um mindestens einen bestimmten Antwortgehalt erzielen zu können.

4.7 Vorstellung der Gütekriterien

Die quantitative Forschung erfordert allgemein die Einhaltung der drei gängigen Gütekriterien, nämlich Validität, Reliabilität und Objektivität, im Forschungsprozess. Allerdings lassen sich diese nicht unmittelbar auf ein qualitatives Vorgehen übertragen (vgl. Mayring, 2016, S. 140 ff.). Vielmehr bedarf es weiterer Gütekriterien, die einerseits das Verfahren umfassend dokumentieren können und andererseits die regelbasierte Vorgehensweise spezifisch validieren (vgl. Flick, 2022, S. 533; Steinke 2022, S. 320 ff.). Mayring (2002, S. 122 ff.) bezieht sich diesbezüglich auf die in der Tabelle 4.3 dargestellten Kriterien.

Um die Ergebnisse der empirischen Forschung in ihrer methodischen, inhaltlichen und argumentativen Qualität zu verbessern, sollten die vorstehenden Kriterien eingehalten werden. Damit stellen die Gütekriterien nicht nur allgemeine Anforderungen an wissenschaftliches Arbeiten dar, sondern sind auch Benchmark für eine qualitativ hochwertige Vorgehensweise, die willkürliche Schlüsse verhindern kann.

Tabelle 4.3 Güterkriterien qualitativer Forschung. (Quelle: eigene Darstellung nach Mayring, 2023, S. 122 ff.)

Qualitatives Gütekriterium	Erläuterung
Verfahrensdokumentation (Transparenz)	Die wichtigsten Details müssen so dokumentiert werden, dass sie von anderen Forschenden jederzeit nachvollzogen werden können.
Argumentative Interpretationsabsicherung	Ergebnisse müssen sich auf vorhandenes Wissen beziehen, sodass die Argumentation sinnvoll und konsistent wird. Eigene Thesen sollten gestützt werden.
Regelgeleitetheit	Das Vorgehen sollte möglichst planvoll und strukturiert sein. Zugleich darf es an notwendigen Stellen anpassungsfähig bleiben.
Kommunikative Validierung	Über einen Folgedialog zu den Ergebnissen mit den Interviewteilnehmenden wird die Richtigkeit der Dokumentation überprüft.
Nähe zum Gegenstand (Subjektverstehen)	Im Rahmen der Interviews wird eine kooperative Atmosphäre auf Augenhöhe hergestellt, um das tägliche Arbeitsfeld und die tatsächlichen Gegebenheiten zu verstehen.
Triangulation	Mithilfe einer Kombination unterschiedlicher Methoden sollen die Ergebnisse überprüft werden, um die Konsistenz abzusichern.

4.8 Interview-Durchführung und Transkription

Das empirische Vorgehen basiert auf insgesamt sieben durchgeführten Interviews, um in Hinblick auf das Forschungsthema die Perspektiven deutscher und österreichischer ExpertInnen ausreichend berücksichtigen zu können. Sie wurden im Zeitraum vom 07.04.2025 bis 07.05.2025 durchgeführt und die Dauer betrug zwischen 34 Minuten (Minimum) und 82 Minuten (Maximum). Das konkrete Gesprächsdatum sowie dessen Länge können aus den Angaben im jeweiligen Transkript im elektronischen Zusatzmaterial entnommen werden.

Neben der Bereitschaftserklärung zur Teilnahme per E-Mail im Vorfeld wurde vor jedem Interview das Einverständnis der Beteiligten zur Erhebung und Verarbeitung (inkl. Hinweis auf Aufzeichnung, Speicherung und Verwertung entsprechend DSGVO) der personenbezogenen Daten und zur namentlichen Nennung erhoben (vgl. Mayring, 2002, S. 70).

Für die Durchführung wurde ein Gespräch über die Online-Konferenzsoftware Microsoft Teams (MS Teams) geführt, welches durch die integrierte Aufnahmefunktion innerhalb der Software aufgezeichnet werden konnte. Trotz der virtuellen Übertragung ergeben sich hier ähnliche Vorteile wie im persönlichen Gespräch, z. B. körpersprachliche Signale (vgl. Misoch, 2019, S. 28 ff.), und zudem profitieren die Teilnehmenden von der Ortsunabhängigkeit (vgl. Mey & Mruck, 2020, S. 326).

Begleitend wurde eine automatische Transkription angestoßen, die mithilfe einer auf künstlicher Intelligenz basierenden Spracherkennung die Audio-Daten in schriftliche Textpassagen überführt. Solche Transkripte des gesprochenen Wortes sind für die anschließende qualitative Inhaltsanalyse notwendig, weil sie es ermöglichen, eigene Notizen anzubringen sowie bestimmte Segmente zu markieren oder diese grundsätzlich auch in einen Vergleich zu bringen (vgl. Mayring, 2023, S. 76 f.). Nur so können sich hierbei wissenschaftliche Untersuchungen anschließen (vgl. Reichertz, 2016, S. 223). Gleichwohl sind bei diesem Transkriptionsvorgang auch Regeln einzuhalten (vgl. Dresing & Pehl, 2020, S. 842), wobei diese aktuell noch keiner Normvorgabe unterliegen. Vielmehr ist es in das Ermessen der Forschenden gestellt, die passenden Vorgaben für den Prozess zu finden und sie entsprechend zu dokumentieren (vgl. Gläser & Laudel, 2010, S. 193). Insoweit wurde die Entscheidung getroffen, die Transkription nur anhand der in MS Teams enthaltenen Grundfunktionen durchführen zu lassen. Diese umfassen eine Sprechendenzuordnung, die Zeitmarken, die Darstellung des grammatikalisch geglätteten Sprachtexts sowie eine Berücksichtigung der dialektischen Eingangssprache. Es handelt sich dabei ausdrücklich nicht um ein wissenschaftliches Transkriptonssystem, bei welchem z. B. die Interpunktionstreue gewährleistet wäre oder Markierung von Pausen und non-verbalen Signalen (vgl. Dresing & Pehl, 2023). Im Rahmen der Transkription wurde auf einen einheitlichen Transkriptionskopf verzichtet (vgl. Fuß & Karbach, 2019, S. 81 ff.), weil sich die wesentlichen Angaben hierfür bereits aus dem Dateinamen, den Aufzeichnungsdaten oder Antworten ergaben. Sämtliche so erstellte Transkripte wurden in das elektronische Zusatzmaterial aufgenommen und mit Zeilennummern versehen, um sie im weiteren Verlauf entsprechend referenzieren zu können.

4.9 Qualitative Inhaltsanalyse

Zur Auswertung qualitativer Daten empfiehlt sich die sogenannte Qualitative Inhaltsanalyse nach Mayring[1]. Sie gilt für die Untersuchung von Rohdaten aus ExpertInnen-Interviews als besonders geeignet (vgl. Kuckartz, 2018, S. 53), weil sie neben Sinnstrukturen auch übergeordnete Muster aus den Gesprächsinhalten extrahieren kann (vgl. Mayring, 2022, S. 23). Ausgehend von einem komplexen Kategoriensystem, welches nach initiierender Textarbeit (Abschnitt 4.9.1), anschließenden Kategorisierungen in Form sogenannter Codier-Vorgänge mit bestimmten Ableitungen (Abschnitt 4.9.2) entsteht, lassen sich die Informationen zunächst geordnet zergliedern (vgl. Weber & Wernitz, 2021, S. 7).

Mayring sieht grundsätzlich drei Möglichkeiten für die Analyse vor, nämlich die Zusammenfassung mit Abstraktion und Reduktion, die Explikation mit Einbezug von Zusatzinformationen sowie die definierte Strukturierung (vgl. Mayring, 2022, S. 66). Eine Kombination dieser Varianten ist zulässig und oftmals dem Forschungsprozess sogar dienlich. Insoweit basiert das hiesige Vorgehen auf einer strukturierend-zusammenfassenden Inhaltsanalyse, um wesentliche Inhalte einerseits verdichten und wichtige Aspekte andererseits gezielt herausfiltern zu können. Dabei wird in einem ersten Schritt die Strukturierung anhand des deduktiv-induktiven Kategoriensystems und entsprechender Zuordnungen (Abschnitt 4.9.2) nach hervorstechenden inhaltlichen Aspekten durchsucht (vgl. Mayring, 2015, S. 71). Anschließend wird das vorhandene Textmaterial in jeder Kategorie durch Paraphrasierung, Generalisierung oder Zusammenfassung auf das Wesentliche reduziert, ohne jedoch inhaltlich den Bedeutungsgehalt zu mindern (vgl. Mayring, 2015, S. 67). In der Praxis hat sich die strukturierend-zusammenfassende Inhaltsanalyse bei halbstrukturierten Interviews vielfach bewährt (vgl. Mayring 2015, S. 110).

[1] Prof. Dr. Philipp Mayring ist ein deutscher Psychologe, Soziologe und Pädagoge. Er gilt als prägender Mitbegründer der wissenschaftlich anerkannten Methode der „Qualitativen Inhaltsanalyse" seit den 1980er Jahren, mit deren Hilfe qualitative Daten systematisch, regel- und theoriegeleitet ausgewertet werden können. Seine Ursprungsideen wurden durch weitere Forschende wie Udo Kuckartz, u. a. für eine computerbasierte Vorgehensweise, weiterentwickelt.

4.9.1 Initiierende Textarbeit

Der von Kuckartz (2016, S. 77) geprägte Begriff „initiierende Textarbeit" beschreibt den ersten Schritt der Analyse, bei der die Transkripte mehrfach intensiv, genau und ganzheitlich gelesen werden, um ein inhaltliches Verständnis für den Gesamtzusammenhang zu entwickeln (vgl. Gläser & Laudel, 2010, S. 194). Dies muss zwingend vor der Codierung (Abschnitt 4.9.2) erfolgen, um für die gewünschte spätere Systematik bereits relevante Textpassagen erkennen und erste Ideen für mögliche Strukturen entwickeln zu können (vgl. Mayring, 2015, S. 66). Zugleich zeigen sich bereits Argumentationsmuster und wiederkehrende Begrifflichkeiten (vgl. Kuckartz, 2016, S. 77). Es handelt sich hierbei jedoch nicht um einen vorgegebenen Ablauf nach feststehenden Regeln, sondern um ein eher intuitives Durchdringen des Materials zur Verstärkung der thematischen Orientierung. Dieser Prozess ließ sich durch Einlesen der Transkripte in die Analysesoftware MaxQDA – Version 24[2] ausführen. Es wurden beim Lesen erste Absätze erkannt, die thematisch im Zusammenhang standen. Zudem konnten erste Notizen und Memo-Einträge zu besonderen Aussagen an die Textpassagen angebracht werden. Inhaltliche Wiederholungen wurden markiert, um sie als auffällige Stellen bei der Codierung (Abschnitt 4.9.2) entsprechend berücksichtigen zu können. Bei unklaren Passagen mussten die Videoaufzeichnungen herangezogen werden, um u. a. den Text korrekt aufteilen zu können.

4.9.2 Codierung und Ableitung der Kategorien

Das Kategoriensystem ist das entscheidende Werkzeug zur Strukturierung des Untersuchungsmaterials (vgl. Mayring, 2022, S. 96). Dabei ist nach Mayring (2022, S. 97 f.) eine definierte Schrittfolge einzuhalten. Zuerst musste aus den Forschungsfragen und den im theoretischen Teil der Arbeit (Kapitel 3) gewonnenen Erkenntnissen ein initiales Kategoriensystem entwickelt werden. Dies erfolgte durch die Bildung von Hauptkategorien, die deduktiv aus den Forschungsfragen abgeleitet werden. Hinzu kamen Subkategorien, die ebenfalls deduktiv, jedoch aus den Unterfragen im Leitfaden, entstehen. Deduktiv bedeutet in diesem Kontext, dass die Kategorien sich nicht aus dem Material der Interviews (Transkripte) selbst ergeben, sondern sich aus dem Wissensstand vor Beginn der

[2] MaxQDA ist eine von der Berliner Firma Verbi GmbH entwickelte Analysesoftware für qualitative und quantitative Daten. Sie wird an den Hochschulen im Bereich der Sozial- und Geisteswissenschaften häufig für die Analyse von ExpertInnen-Interviews eingesetzt und zählt zu den international führenden Programmen in diesem Bereich.

Analyse entwickeln lassen (vgl. Mayring, 2015, S. 85). Daneben ist es innerhalb der explorativen Forschung üblich, dass sich aus den Inhalten der Gespräche neue Erkenntnisse ergeben, die in die Analyse einfließen müssen. Eine solche Ableitung wird als induktiv bezeichnet, wenn hieraus weitere Kategorien entstehen. Auf diese Weise konnten innerhalb der Subkategorien aus dem Gesagten heraus weitere induktive Sub-Subkategorien gebildet werden. Die deduktiven Haupt- und Subkategorien sowie induktiven Sub-Subkategorien wurden sodann auf das Textmaterial angewendet, sowie verknüpft mit ersten Textsegmenten als einzelne Worte, ganze Sätze oder sogar Absätze je nach erforderlichem Kontext.

Es folgte ein nächster Schritt zur Überprüfung dieses ursprünglichen Kategoriensystems, um anhand der Erkenntnisse aus der initiierenden Textarbeit die Anwendbarkeit für das Gesamtmaterial zu reflektieren. Nach verschiedenen Anpassungen, zum Beispiel der Ausdifferenzierung, Umbenennung oder Neuaufnahme von Kategorien, wurde das gesamte Datenmaterial codiert, also die Verknüpfung zwischen passendem Textsegment und Kategorie innerhalb der Software MaxQDA hergestellt. Die Abbildung 4.1 verdeutlicht anhand der Kreisgröße die Anzahl der zugeordneten Segmente, wobei links die Hauptkategorien und in der Kopfzeile die ExpertInnen E7–E1 als Beschriftung stehen.

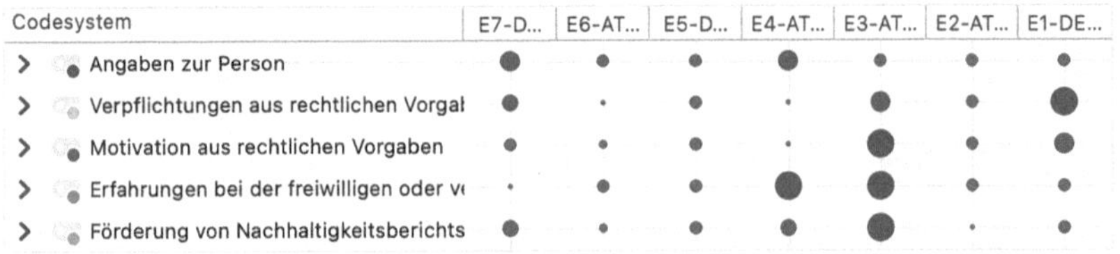

Abbildung 4.1 Auszug aus dem Code-Matrix-Browser der zugeordneten Segmente. (Quelle: Export aus der Software MaxQDA)

Auf diese Weise wurde die Basis für die anschließende Analyse und Ergebnisdarstellung (Abschnitt 4.10) geschaffen. Abbildung 4.2 fasst die durchgeführten Analyseschritte insoweit überblickartig zusammen:

Das finale Kategoriensystem, die Form der Ableitung sowie die Häufigkeit, mit der eine Kategorie als Code angesprochen wurde, ergibt sich aus dem elektronischen Zusatzmaterial. Zudem liefert die Abbildung 4.3 einen guten Überblick als Codewolke zu wichtigen Keywords aus den Interviews.

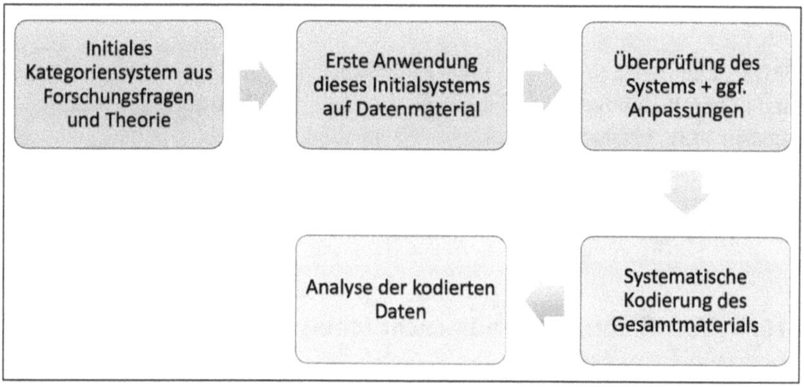

Abbildung 4.2 Schrittfolge zur Strukturierung des Interview-Materials. (Quelle: eigene Darstellung nach Mayring, 2022, S. 97)

Abbildung 4.3 Codewolke zu wichtigen Keywords. (Quelle: Export aus der Software MaxQDA)

4.10 Darstellung der empirischen Ergebnisse

Die Darstellung der Ergebnisse folgt kapitelweise entlang der vier Hauptkategorien: (1) Verpflichtungen aus rechtlichen Vorgaben, (2) Motivation aus rechtlichen Vorgaben, (3) Erfahrungen bei der Nachhaltigkeitsberichterstattung und (4) Förderung von Nachhaltigkeitsberichterstattung. Innerhalb der Kapitel werden die Aussagen der ExpertInnen zusammenfassend dargestellt und vereinzelt mit Zitaten zur argumentativen Validierung verbunden.

4.10.1 Verpflichtungen aus rechtlichen Vorgaben

Fachhochschulen sehen sich mit zunehmenden gesetzlichen Anforderungen zur Nachhaltigkeitsberichterstattung konfrontiert. Diese Verpflichtungen ergeben sich derzeit primär aus nationalem Recht (z. B. HGB, UGB, Hochschulgesetzen) und sind weder in Deutschland noch Österreich einheitlich oder umfassend geregelt. Teilweise besteht Unsicherheit darüber, welche Gesetze konkret anwendbar sind, insbesondere im Hinblick auf Rechtsform und Größe der Hochschule. Es gibt eine Diskrepanz zwischen rechtlichem Status und tatsächlichem Handlungsdruck, etwa durch Erwartungen von StakeholderInnen, Fördergebenden oder Rankings. Die rechtliche Lage wird als dynamisch und noch nicht abschließend geklärt wahrgenommen.

Neben direkten Pflichten zur Nachhaltigkeitsberichterstattung spielen auch andere Regelwerke eine Rolle beim grundsätzlichen Thema „Nachhaltigkeit“, z. B. Umweltgesetze, Klimaschutzgesetze, Lieferkettensorgfaltspflichtengesetz. Sie wirken indirekt regulierend und beeinflussen z. B. die strategischen Ausrichtungen der Hochschulen. Globale Rahmenwerke wie die Sustainable Development Goals (SDGs) oder der Green Deal der EU haben ebenso Einfluss auf die Aktivitäten der Hochschulen. Sie dienen häufig als Orientierung für strategische Nachhaltigkeitsziele, sind aber nicht rechtlich verpflichtend.

Die Corporate Sustainability Reporting Directive (CSRD) der EU wurde von mehreren Personen als einschlägige Regelung genannt. Jedoch sorgt aktuell die fehlende Umsetzung dieser europäischen Regelung in nationales Recht für Interpretationsspielräume und Unsicherheiten. Dennoch wird ihre Umsetzung als zukunftsweisend und verpflichtend für größere öffentliche Einrichtungen, besonders in Österreich, eingeschätzt.

Die Verpflichtung zur Berichterstattung wird stark mit der Größe der Hochschule in Verbindung gebracht. In Deutschland resultiert das aus möglichen

Regelungen im Hochschulgesetz, wenn Hochschulen entsprechend dem Handelsgesetzbuch berichten sollen (E1, Zeilen 61–63). In Österreich hingegen sorgt die Größe als Kapitalgesellschaft z. B. über die Bilanzsumme, den Umsatz oder die Mitarbeitendenzahl für ein deutlicheres Betroffenheitsgefühl. Kleinere Fachhochschulen sehen sich deshalb weniger direkt betroffen, sind aber durch ihre Zugehörigkeit zu einer Holding oder wegen bestimmter Förderbedingungen mittelbar verpflichtet. Im öffentlichen Bereich entsteht so über mittelbare Berichtspflichten (z. B. durch öffentliche Fördermittel oder Landesverordnungen) ein indirekter Druck auf Hochschulen.

Die Rechtsform beeinflusst, ob eine Hochschule berichtspflichtig ist. In Österreich befinden sich die Fachhochschulen den Aussagen nach überwiegend in der Rechtsform der GmbH. In Deutschland sind diese als Körperschaft des öffentlichen Rechts (KdÖR/KdR) organisiert. Staatliche Hochschulen in Österreich können trotz staatlicher Trägerschaft als GmbHs zur Berichterstattung verpflichtet sein, wenn die für Kapitalgesellschaften geltenden Schwellenwerte erfüllt werden. Dabei orientieren sich die GesprächspartnerInnen an den Werten aus der CSRD. Im Falle einer Umsetzung der Omnibus-Initiative sehen die ExpertInnen aus Österreich keine Berichterstattungspflicht mehr für Hochschulen (E4, Zeilen 160–165; E6, Zeilen 722–728), weil die Schwellenwerte für sämtliche Hochschulen deutlich zu hoch wären. Es wird mit Entbürokratisierung und weniger Berichtspflichten gerechnet (E2, Zeilen 127–131). Allerdings besteht bezogen auf Omnibus sogar in Deutschland die Sorge, dass Hochschulen, die bisher Stellen zur Erfüllung möglicher Verpflichtungen drittmittelfinanziert haben, diese Finanzierung zurückfahren könnten, wenn die Verpflichtungen unter der Omnibus-Initiative wegfielen (vgl. E5, Zeilen 1081–1092).

In Deutschland fällt die Einordnung wesentlich differenzierter aus. Mangels Umsetzungsgesetz wird davon ausgegangen, dass die Berichtspflicht zur Nachhaltigkeitsberichterstattung sich an den jetzigen Pflichten zur Lageberichterstattung für Kapitalgesellschaften orientiert. Die typische Rechtsform staatlicher Hochschulen in Deutschland, die Körperschaft des öffentlichen Rechts, wäre insoweit nicht vom Handelsgesetzbuch umfasst. Einzig eine Gesetzesanpassung oder spezifischere Regelungen im Hochschulgesetz durch den Normengeber führen dann aus Sicht der ExpertInnen zu einer unmittelbaren Berichtspflicht.

Aufgrund der derzeit unklaren Rechtslage bereiten sich die Hochschulen unterschiedlich auf gesetzliche Änderungen vor, von der Beobachtung der Entwicklungen (E1, E2, E3) bis hin zur Einbindung externer Beratungen oder Netzwerke (E3, E5). Dabei setzen die Institutionen auf eine frühzeitige Etablierung interner Prozesse und Einigkeit besteht darüber, dass Proaktivität essenziell ist, um nicht von regulatorischen Veränderungen überrascht zu werden. Manche der Hochschulen warten ab, andere haben bereits Nachhaltigkeitskonzepte oder freiwillige Berichte. Teilweise liegt eine Einbindung von Nachhaltigkeit in Governance-Strukturen und internen Steuerungssystemen vor (E2, E3).

Von den ExpertInnen wird erwartet, dass die Nachhaltigkeitsberichterstattung gesetzlich verbindlicher und umfassender wird. Die meisten von ihnen rechnen aber mit keiner Ausweitung der Berichtspflichten auf kleinere öffentliche Einrichtungen wie staatliche Fachhochschulen. Aber freiwillige Aktivitäten werden den ExpertInnen nach stark zunehmen (E1, E5), weil Umweltaspekte zunehmend als Gesamtthema erkannt werden (E1, E7).

4.10.2 Motivation aus rechtlichen Vorgaben

Die CSRD wird trotz fehlender Verpflichtung als strukturierter und umfassender Rahmen geschätzt. Sie zwingt dazu, sich mit Wertschöpfungsketten, Auswirkungen und strategischer Ausrichtung auseinanderzusetzen – Stichwort: „Big Picture" zur nachhaltigen Organisationsentwicklung (E1, Zeilen 222–229). Der Hochschul-DNK (Deutscher Nachhaltigkeitskodex – Version für Hochschulen) wird als praxisnahes und niedrigschwelliges Instrument zur Orientierung empfunden (E1, E5). Besonders positiv bewertet wird die Anpassung an hochschulspezifische Anforderungen und die Möglichkeit zur schrittweisen Integration von Nachhaltigkeitsmanagement. Er wird häufig als Strukturhilfe oder Referenz genutzt. Einige Fachhochschulen orientieren sich am DNK freiwillig, um professionelle, vergleichbare Berichte zu erstellen (E3, Zeilen 286–288).

Der EU Green Deal motiviert, weil er klare Richtlinien vorgibt und die Relevanz der Themen auf EU-Ebene unterstreicht (E2, Zeile. 313; E3, Zeilen 228–233). Er wird als Schritt zur Schaffung fairer Wettbewerbsbedingungen (Stichwort: Level Playing Field) gesehen (E3, Zeile 230–231). Ebenso werden die Entwicklungen zum Green Budgeting als wachsender Trend benannt (E2, Zeile 145 & 201). Der Ansatz, finanzielle Mittelvergaben an Nachhaltigkeitszielen auszurichten, wird besonders in Österreich befürwortet (E1, E2, E3, E6).

Das Lieferkettensorgfaltspflichtengesetz (LkSG) aus Deutschland vermittelt, auch wenn schwer auf den Hochschulkontext anwendbar, eine klare ethische Orientierung: Verantwortung für globale Lieferketten. Es adressiert Externalitäten, die sonst unberücksichtigt blieben (E3, Zeilen 239–248).

Die SDGs (Sustainable Development Goals) werden als strategischer Referenzrahmen für Nachhaltigkeitsziele an Hochschulen genannt (E3, E4). Sie dienen bereits als impliziter Handlungsrahmen, besonders in der Lehre. Teilweise finden sie Eingang in studentische Arbeiten (E3, Zeilen 355–385), sie sind jedoch kein verpflichtender Maßstab für Hochschulberichte.

Vorhandene Nachhaltigkeitsstrategien der Länder werden als indirekte Impulsgeber wahrgenommen (E5, Zeilen 244–245). Auch wenn sie nicht direkt auf Hochschulen zugeschnitten sind (Stichwort: Klimaneutrale Landesverwaltung), entsteht Motivation durch Anschlussfähigkeit und Vergleichbarkeit mit anderen AkteurInnen. Zudem enthalten Zielvereinbarungen mit Ministerien teils Nachhaltigkeitsziele, die motivierend wirken. Ministerien spielen durch implizite Erwartungshaltungen eine wichtige Rolle. Fachhochschulen fühlen sich motiviert, vorauseilend zu berichten, um politischen Erwartungen gerecht zu werden, auch ohne formale Pflicht. Ebenso wird die Einbindung von Nachhaltigkeit ins Rektorat (z. B. Prorektor für Nachhaltigkeit) als notwendiger Schritt gesehen.

Hochschulinterne Dokumente wie Strategiepapiere, Leitbilder und Satzungen enthalten zunehmend Nachhaltigkeitsbezüge. Jedoch stehen hier einige Hochschulen noch ganz am Anfang, und andere wiederum sind bereits sehr weit fortgeschritten. ExpertInnen geben an, dass die Aufnahme in diese Dokumente motivierend wirke, da sie die institutionelle Verankerung stärken.

Nachhaltigkeit wird in einigen Akkreditierungsverfahren in Österreich bereits berücksichtigt (E3, Zeilen 269–273). Dabei dienen die Berichte auch dazu, Qualitätsentwicklungsprozesse sichtbar zu machen. Selbst wenn das Konzept der Wissensbilanz im Bereich der österreichischen Universitäten bereits gefordert wird (E2, Zeilen 354–356), ist es nur teilweise bei den ExpertInnen bekannt. Selten aber wird es gedanklich auf Nachhaltigkeit erweitert. Dennoch werden Potenziale geäußert, Synergien zwischen Wissensbilanz und Nachhaltigkeitsbericht zu schaffen (E2, E4, E6).

Besonders aber sehen sich Hochschulen durch das Verhalten anderer Hochschulen motiviert, aktiv zu werden (E1–E7). Fördergebende, Studierende und die eigene interne Reputation spielen eine große Rolle. Die Verknüpfung von Nachhaltigkeitsberichterstattung mit der Vergabe von Fördermitteln wird als zunehmend relevant gesehen (E1, E2, E3, E6). Es besteht eine wachsende Erwartungshaltung, dass Nachhaltigkeit dokumentiert wird, um Zugang zu Förderprogrammen zu erhalten (Stichwort: Driver Wirkung). Ähnliches gilt für das öffentliche Informationsinteresse, weil der gesellschaftliche Druck und die Nachfrage nach nachhaltigem Handeln viele Fachhochschulen zur Berichterstattung erheblich motivieren (E4, Zeilen 353–357). So gelten dann Berichte gleichzeitig als Vertrauenssignal für Öffentlichkeit, Studierende, BewerberInnen und sonstige StakeholderInnen.

Insgesamt kommt in den Interviews deutlich die Vorbildfunktion und Third Mission[3] staatlicher Hochschulen zur Sprache (E1, Zeilen 376–377; E6, Zeilen 169–170). Sie erkennen ihre gesellschaftliche Rolle und fühlen sich zur Vorbildwirkung verpflichtet (E3, E4, E5). Diese intrinsische Motivation wird verstärkt durch das Selbstverständnis als Bildungsinstitution mit öffentlichem Auftrag. Zugleich wird die Finanzierung über Steuergeld als Verpflichtung zur Transparenz interpretiert. Eine Berichterstattung diene als Rechenschaft gegenüber SteuerzahlerInnen und könnte das Handeln der Hochschule legitimieren (E3, E7).

4.10.3 Erfahrungen bei der Nachhaltigkeitsberichterstattung

Die Mehrheit der ExpertInnen ist der Auffassung, derzeit nicht rechtlich zur Berichterstattung verpflichtet zu sein. Einige von ihnen in spezifischen Rechtsformen (z. B. GmbH in Österreich) beobachten aber genau die Entwicklungen rund um die CSRD. Die freiwilligen Nachhaltigkeitsaktivitäten sind als Einstieg verbreitet. Nur wenige Hochschulen haben bereits erste freiwillige Berichte erstellt (E3, Zeilen 495–497), teils aber berichtsähnliche Dokumente innerhalb einzelner Projekte, z. B. auf Grundlage von Rahmenwerken wie dem Deutschen Nachhaltigkeitskodex (DNK). Positive Erfahrungen werden mit dem Hochschul-DNK gemacht, insbesondere wegen seiner auf Hochschulen angepassten Struktur und Verständlichkeit (E1, E5). Er wird als besonders hilfreich für EinsteigerInnen und kleinere Fachhochschulen benannt, da er praxisnah und niedrigschwellig ist. Andere setzen aber auch auf GRI-Standards oder individuelle Vorlagen, angepasst an eigene Bedarfe (E3, Zeilen 66–72).

Entsprechend ergeben sich aus den Interviews unterschiedliche Reifegrade in Hinblick auf eine Nachhaltigkeitsberichterstattung. Einige Hochschulen haben regelmäßige, strukturierte Nachhaltigkeitsprozesse etabliert, andere befinden sich noch in der Planungs- oder Orientierungsphase und sammeln erste Erfahrungen mit Daten, Formaten und Prozessen. Es zeigt sich ein heterogenes Bild: von Pilotprojekten bis hin zu etablierten Berichtsroutinen.

Basierend auf den Interviews schätzen die Befragten den Anteil an freiwilligen Nachhaltigkeitsaktivitäten im Vergleich zu verpflichtenden Aktivitäten sehr

[3] Unter „Third Mission" von Hochschulen werden alle Aktivitäten verstanden, die über die Forschung (First Mission) und Lehre/Weiterbildung (Second Mission) hinausgehen, beispielsweise Transfer in Richtung Gesellschaft oder Impulse für die Wirtschaft (vgl. CHE, 2025).

unterschiedlich ein. Mehrheitlich zeigt sich ein deutliches Überwiegen der freiwilligen Aktivitäten (ca. 80–90 %). Insgesamt lässt sich nur folgende Tendenz ableiten, da die Einschätzungen der Befragten stark variieren: Es bleibt einzelfallabhängig, wie sich der tatsächliche Anteil von freiwilligen und verpflichtenden Nachhaltigkeitsaktivitäten darstellt, aber fast alles passiert aktuell freiwillig.

Eine Ausweitung der verpflichtenden Nachhaltigkeitsberichterstattung für Hochschulen wird von den ExpertInnen allerdings mehrheitlich abgelehnt bzw. kritisch gesehen. Zum einen bestünde die Gefahr, dass die zusätzlichen Berichtspflichten einen hohen bürokratischen Aufwand verursachen (E1, E4) und die Institutionen damit überfordern. Dies könnte ihre Handlungsfähigkeit einschränken und die Konzentration von der eigentlichen Aufgabe ablenken.

Die Befragten bewerten die aktuelle Bedeutung von Nachhaltigkeit im Hochschulkontext als sehr hoch (E3, E4, E6, E7). Sie sehen Nachhaltigkeit als einen zentralen Aspekt des Hochschulalltags und der Hochschullandschaft an. Nachhaltigkeit wird als wichtiges Thema wahrgenommen, das in vielen Bereichen der Hochschule an Relevanz gewinnt. Die Befragten betonen, dass Nachhaltigkeit nicht nur theoretisch, sondern auch praktisch im Hochschulalltag eine große Rolle spiele. Sie heben nur bedingt hervor, dass die Vorbereitungen zu einer potenziellen Berichterstattung gut umgesetzt wird und die eigenen Aktivitäten in diesem Bereich als wirksam eingeschätzt werden (E5, E7). Einige betonen, dass die Zusammenarbeit mit anderen Bereichen und externen Partnern die Umsetzung der Nachhaltigkeitsberichterstattung unterstützt (E2, E4, E7).

Die Berichterstattung wird als Lernprozess erlebt (E4, E7). Anfangs bestehen oft Unsicherheiten zu Struktur, Umfang und Inhalten. Mit zunehmender Praxis entwickeln sich jedoch bessere Prozesse und mehr Klarheit und eine institutionelle Verankerung. Daraus resultierend werden Nachhaltigkeitsdokumente als interne Steuerungsinstrumente wahrgenommen, nicht nur als externe Kommunikation. Sie ermöglichen den ExpertInnen u. a. Statusanalysen, Vergleiche über Zeiträume, Zielableitungen, ein Monitoring bzw. die Nachverfolgung von Fortschritten, Transparenz und bessere Entscheidungsgrundlagen innerhalb der Hochschule (E1–E3). Zugleich gelingt so eine gewisse Sensibilisierung für das grundsätzliche Thema.

Herausforderungen in der täglichen Umsetzung bzw. Schwierigkeiten bestehen insbesondere bei der Datenverfügbarkeit und -qualität, der Koordination zwischen Abteilungen, der Klärung von Zuständigkeiten und generell im Bereich verfügbarer Ressourcen. Übereinstimmend schätzen die Befragten die ihnen zur Verfügung stehenden Ressourcen für die Nachhaltigkeitsberichterstattung als eher unzureichend ein. Insbesondere wird betont, dass die vorhandenen Ressourcen für die Umsetzung der geforderten Maßnahmen und die Erstellung qualitativ hochwertiger, CSRD-konformer Berichte nicht ausreichen. Sie wünschen sich mehr Unterstützung und personelle Entlastung, um die Nachhaltigkeitsberichterstattung effektiv und effizient umsetzen zu können. Weitere Hochschulen berichten von einer mangelnden strategischen Verankerung in den derzeitigen Governance-Instrumenten der Hochschule. Somit entsteht in Einzelfällen ein hoher Aufwand ohne klare Wirkung, was zeitweise demotivieren kann. Denn den Interviews zufolge wird die Vorbereitung zur Berichterstattung oft von Einzelpersonen getragen (Stichwort: One-Woman-Show), was langfristige Verstetigung erschwert (E3, Zeile 636–641). Es wird daher betont, dass der Erfolg stark davon abhänge, ob Nachhaltigkeit institutionell verankert ist (z. B. durch KoordinatorInnen, Prorektorate, NachhaltigkeitsbotschafterInnen). Auch fehlendes Know-how und die Verfügbarkeit von genügend qualifiziertem Personal für die Erstellung der Berichte wird als Challenge thematisiert (E2, E5). Oft mangelt es an internen Daten und Informationen, die für die Berichterstattung benötigt werden (E1–E5).

Die Hochschulen haben in den letzten Jahren verschiedene Anpassungen in Bezug auf Nachhaltigkeitsaktivitäten vorgenommen. Dazu gehören Veränderungen der internen Strukturen und Prozesse sowie des Personals und der Verantwortlichkeiten. Jedoch wurden nur unzureichend neue Stellen oder Abteilungen geschaffen, um sich dieser Thematik gezielter widmen zu können (E1, E2, E3, E7). Lediglich die internen Prozesse wie die Datenerhebung und -verarbeitung wurden angepasst, um die Nachhaltigkeitsaktivitäten besser zu erfassen und zu kommunizieren.

Die Rückmeldungen zur Akzeptanz und Umsetzung der Nachhaltigkeitsbemühungen an Hochschulen sind gemischt. Einerseits gibt es positive Resonanz auf die Bemühungen von außen, wodurch die Nachhaltigkeit stärker in den Fokus rückt. Die internen Mitarbeitenden begrüßen zwar die Transparenz und den Austausch zu diesem Thema. Andererseits zeigt sich, dass die tatsächliche Umsetzung von Nachhaltigkeitsmaßnahmen oft Herausforderungen bereitet. Es fehlt an Akzeptanz und Engagement der KollegInnen, die Vorgaben in den Alltag zu integrieren oder Daten beizubringen.

Ein Umdenken in der Hochschulkultur kann in vielen Fällen noch nicht wahrgenommen werden (E1, E2, E4, E5). Die Nachhaltigkeitsberichterstattung hat noch keinen wirklichen Kulturwandel angestoßen, der die Hochschulen dazu bringt, ihre Rolle und Verantwortung in Bezug auf Nachhaltigkeit zu überdenken und neu auszurichten.

Der Austausch mit anderen Hochschulen und Netzwerken (z. B. Netzwerk Hochschulen für Nachhaltige Entwicklung (HNE) in Deutschland sowie Bündnis Nachhaltige Hochschulen in Österreich) wird als hilfreich erlebt. Auch externe Beratung (z. B. durch Privatunternehmen) wird genutzt, um Strukturen aufzubauen. Die Zusammenarbeit mit anderen Bereichen der Hochschule und externen Dritten spielt eine wichtige Rolle bei der freiwilligen oder verpflichtenden Nachhaltigkeitsberichterstattung. Sie werden eingebunden, um den Prozess der Nachhaltigkeitsberichterstattung voranzubringen und zu unterstützen. Dies umfasst beispielsweise die Durchführung von Wesentlichkeitsanalysen oder ähnlichen Aufgaben (E1–E5). Die Zusammenarbeit dient dazu, die Prozesse ganzheitlich und effektiv zu gestalten, indem verschiedene Perspektiven und Kompetenzen eingebracht werden.

Unternehmen der Privatwirtschaft bieten eine wichtige Orientierung für die ExpertInnen. Von Organisationen, die bereits berichtspflichtig sind und dies umsetzen, können Erfahrungen und Praktiken als Referenzen dienen. Veröffentlichte Berichte liefern wertvolle Impulse und geben Leitideen. Dies betrifft sowohl die inhaltliche Ausgestaltung der Berichte als auch die praktische Umsetzung bei der Datenerhebung.

Die Befragten berichten nur von sehr wenigen Erlebnissen mit der Informationsbeschaffung und -lieferung entlang der Wertschöpfungskette. Es gab Fälle, in denen bisherige GeschäftspartnerInnen Informationen gegenüber der Hochschule liefern mussten (E5, Zeile 767–771), beispielsweise im Rahmen von Materialbeschaffungen (z. B. Kopierpapier). Umgekehrt mussten die Hochschulen ihren Auftraggeberinnen bisher keine Informationen zur Verfügung stellen, selbst wenn diese berichtspflichtig waren (E1–E7).

Hinsichtlich einer Verknüpfung mit Förderlogiken und der Bekanntheit von Rankings wird angegeben, dass Nachhaltigkeitsbemühungen schon jetzt durchaus unterstützend wirken für Fördermittelbewerbungen oder Akkreditierungen. Nachhaltigkeitsrankings für Hochschulen erscheinen weitestgehend unbekannt. Die Teilnahme wird jedoch befürwortet, weil es die Motivation zur Berichterstattung verstärken könne.

Besonders hervorgehoben wird die Wirkung nach außen (E1–E7). Auch ohne rechtliche Verpflichtungen werden Berichte als Image- und Reputationsinstrument gesehen. Die Hochschulen kommunizieren damit gegenüber Studierenden, potenziellen Mitarbeitenden, KooperationspartnerInnen, FördergeberInnen sowie mit Politik und Gesellschaft.

Die „Lessons Learned" der ExpertInnen aus den bisherigen Erfahrungen mit der freiwilligen oder verpflichtenden Nachhaltigkeitsberichterstattung an der Hochschule lassen sich wie folgt zusammenfassen:

Zunächst wurde deutlich, dass der Prozess der Nachhaltigkeitsberichterstattung eine Herausforderung darstellt, die jedoch auch Chancen bietet. Es erfordert einen hohen Aufwand, die relevanten Daten zu erheben und zu analysieren, um daraus aussagekräftige Berichte zu erstellen. Gleichzeitig kann dieser Prozess aber auch dazu beitragen, das Bewusstsein für Nachhaltigkeit an der Hochschule zu schärfen und Verbesserungspotenziale aufzuzeigen.

Des Weiteren wurde erkannt, dass eine gute und persönliche Kommunikation sowie die Einbindung aller Beteiligten essenziell ist (E4, E5). Nur durch den Austausch mit verschiedenen Interessengruppen, wie Studierenden, Mitarbeitenden und der Hochschulleitung, können die relevanten Themen identifiziert und die Berichterstattung zielgruppengerecht gestaltet werden.

Aus ihrer Erfahrung heraus raten die ExpertInnen dazu, ein klares Verständnis der Nachhaltigkeitsthemen und -ziele der Hochschule zu entwickeln. Dabei sollten die Hochschulleitung und relevante Interessengruppen eingebunden werden, um einen ganzheitlichen Ansatz zu verfolgen (E1, E3). Weiterhin empfiehlt es sich, eine Bestandsaufnahme durchzuführen und relevante Daten und Informationen zu sammeln. Darauf aufbauend kann ein strukturierter Prozess zur Erstellung des Nachhaltigkeitsberichts entwickelt werden, der die Verantwortlichkeiten, Zeitpläne und Kommunikationskanäle klar definiert. Um die Akzeptanz und Nutzung des Berichts zu fördern, ist es ratsam, die Hochschulangehörigen frühzeitig einzubinden und deren Bedürfnisse zu berücksichtigen. Nicht zuletzt sollte ein kontinuierlicher Verbesserungsprozess etabliert werden, um die Berichterstattung stetig weiterzuentwickeln und an neue Anforderungen anzupassen.

4.10.4 Förderung von Nachhaltigkeitsberichterstattung

Die ExpertInnen sehen überwiegend die bestehenden gesetzlichen Rahmenbedingungen für eine flächendeckende Nachhaltigkeitsberichterstattung als unzureichend an (E1, E2, E4, E5, E6). Es fehlt eine verbindliche Verpflichtung zur Nachhaltigkeitsberichterstattung für staatliche Fachhochschulen. Viele Einrichtungen engagieren sich nur freiwillig, was zu einer stark heterogenen Praxis führt.

Bezogen auf etwaige Lücken im rechtlichen Rahmen werden hauptsächlich Defizite in einer fehlenden Gesetzespflicht zur Berichterstattung gesehen (E2, E4, E5, E6) bzw. unzureichenden Einbindung von Hochschulen in nationale und europäische Regularien. Möglichkeiten für den Gesetzgeber werden in der EU-Omnibus-Initiative erkannt, nämlich klarere Formulierungen und verbindliche Standards, ob Hochschulen Nachhaltigkeitsberichterstattung betreiben müssen.

Es besteht breite Zustimmung zur Integration der Berichtspflicht in die Hochschulgesetze, um eine rechtlich verbindliche Grundlage für alle Hochschulen zu schaffen (E1–E6). Allerdings sprechen sie sich nicht mehrheitlich dafür aus, dass

Hochschulen explizit in der CSRD oder vergleichbaren EU-Regularien genannt werden (E1, E7, E5, E6). Die nationalen Rechtsformen würden so nicht ausreichend genug berücksichtigt werden können und Hochschulen seien zu speziell (E5, E6). Es käme darauf an, dass Branchenstandards berücksichtigt werden (E2, E5).

Mögliche Anreize durch den Gesetzgeber sehen die ExpertInnen in Förderprogrammen für diejenigen Hochschulen, die Berichte vorlegen, in Wettbewerbspreisen oder öffentlicher Anerkennung sowie in einer Ressourcenbereitstellung für Personal und Infrastruktur.

Stark unterschiedlich fielen die Antworten auch im Falle einer Kopplung von Grundfinanzierung und Drittmitteln an die Einhaltung von Nachhaltigkeitskriterien und die Berichterstattung hierzu aus. Dies würde zwar guten Druck erzeugen (Stichwort: Pull-Faktor) und eine konkrete Motivation bieten (E1, Zeile 793). Aber die Bedingungen werden vereinzelt auch als zu nebulös bezeichnet und kritisch für die Existenz von Hochschulen (E7, Zeilen 579–680).

Bezüglich der Vorgabe einheitlicher Berichtsformate wird angegeben, dass ein standardisiertes Format die Vergleichbarkeit ermöglichen, den Aufwand senken und Insellösungen vermeiden würde (E1, Zeile 807–812). Insoweit herrscht überwiegend Zustimmung (E2, E4, E5, E6, E7). Damit einhergehend könnte auch die Vergleichbarkeit steigen, sodass eine Plattform zur Veröffentlichung und Vergleichbarkeit der Berichte befürwortet wird (E1–E3). Darin werden Vorteile für die Transparenz, ein Benchmarking und Peer Learning gesehen. Auf die Frage nach einem gemeinsamen Nachhaltigkeitsbericht aller Hochschulen, in welchen jede Hochschule dann eigene Inhalte einarbeiten könnte, reagierten die ExpertInnen sehr verhalten (E3, E4, E5, E6). Es wurden Bedenken hinsichtlich der verbleibenden Individualität (E4, E5) und Verfahrensweise der Erstellung des Berichts geäußert (E3, E6).

Kooperationen, Austausch von Best Practices und gemeinsame Initiativen zwischen Fachhochschulen sollten den ExpertInnen zufolge honoriert und gefördert werden. Netzwerke könnten Synergien erzeugen und Standards etablieren. Eine stärkere Vernetzung staatlicher Hochschulen böte demnach vielfältige Potenziale auch für den Gesetzgeber.

4.11 Reflexion der Ergebnisse anhand der Gütekriterien

Bezogen auf die in Abschnitt 4.7 dargestellten qualitativen Gütekriterien kann festgestellt werden, dass eine Verfahrensdokumentation dadurch erreicht wurde, dass der Interviewleitfaden, die Transkripte und deren Auswertung offen und intersubjektiv nachvollziehbar zugänglich sind (vgl. Mayring, 2015, S. 146). Die Interpretation wurde durch logisch nachvollziehbare Begründungen aus den Transkripten in Form von Kontextualisierungen oder stellenweise sogar durch Zitate gestützt (vgl. Kuckartz, 2016, S. 75).

Die Regelgeleitetheit wurde insoweit gewahrt, dass die Wahl der Interviewform methodisch begründet sowie der Leitfaden auf Basis des Forschungsstandes und der leitenden Fragestellungen konzipiert waren (vgl. Gläser & Laudel, 2010, S. 117). Zudem wurden sämtliche Erhebungsschritte (inkl. Transkription, Interviewdurchführung, Analyse) in ihrer Reihenfolge strukturiert und nachvollziehbar beschrieben (vgl. Mayring, 2015, S. 146). Insbesondere die Auswertung nach der qualitativen Inhaltsanalyse erfolgte nach einem wissenschaftlich anerkannten Verfahren entlang klar definierter Kodierprozesse (siehe Codebuch im elektronischen Zusatzmaterial) mit Kategoriendefinition und Kodierregeln (vgl. Kuckartz, 2016, S. 75).

Alle Transkripte wurden zur Validierung nach besprochen, um insbesondere mögliche Verzerrungen durch die eigene Position oder Vorverständnisse kritisch zu reflektieren (vgl. Steinke, 1999, S. 321).

Sämtliche Aussagen der InterviewpartnerInnen wurden unverfälscht transkribiert, um ein reales Bild der subjektiven Bedeutungen und Handlungszusammenhänge in den Forschungsprozess einzubeziehen (vgl. Flick, 2020, S. 132). Bei der Interpretation im Folgeabschnitt (Abschnitt 4.12) wurden verschiedene Datenquellen (Sekundärdaten) herangezogen, um die qualitativen Ergebnisse abzusichern (vgl. Flick, 2020, S. 174).

Zusammenfassend kann demnach festgestellt werden, dass die Güterkriterien qualitativer Forschung eingehalten und die Ergebnisse somit wissenschaftlich legitimiert und anschlussfähig sind (vgl. Mayring, 2015, S. 145; Kuckartz, 2016, S. 86).

4.12 Interpretation der Ergebnisse

Anders als bei der Ergebnisdarstellung erfolgt die Interpretation nachfolgend nicht getrennt nach einzelnen Hauptkategorien, sondern anhand thematischer Überschriften.

Anwendbarkeit der Rechtsnormen

Die rechtlichen Vorgaben zur Nachhaltigkeitsberichterstattung, die für den Tätigkeitsbereich der Fachhochschulen von Bedeutung sind, umfassen verschiedene Vorschriften. Dazu gehören beispielsweise Gesetze wie die Hochschulgesetze der Länder in Deutschland und das UGB in Österreich, die Institutionen dazu verpflichten, regelmäßig über ihre Nachhaltigkeitsaktivitäten zu berichten. Die genauen rechtlichen Verpflichtungen hängen vom Sitz, der Größe und Rechtsform der konkreten Hochschule ab und müssen im Einzelfall geprüft werden. Dabei ist festzustellen, dass die üblichen Schwellenwerte der CSRD für Fachhochschulen derzeit häufig nicht gelten. Sie könnten aber in Zukunft an Bedeutung gewinnen, z. B. bei Verbundstrukturen (Holdings), Wachstum der Hochschule oder einschlägigen Rechtsnormen in nationalen Umsetzungsgesetzen. Insgesamt ist die Größe damit ein relevanter Faktor, der bei der Frage der Pflicht zur Nachhaltigkeitsberichterstattung von Fachhochschulen zu berücksichtigen ist.

Die Organisationsform oder Rechtsform einer Hochschule hat einen Einfluss auf die Verpflichtungen zur Nachhaltigkeitsberichterstattung. Hochschulen in der Rechtsform einer GmbH in Österreich wären als Kapitalgesellschaft grundsätzlich zur Nachhaltigkeitsberichterstattung verpflichtet, können aber bei Unterschreiten der Schwellenwerte von der Verpflichtung ausgenommen sein. Hingegen sind Hochschulen in der Rechtsform einer Körperschaft des öffentlichen Rechts in Deutschland nur aufgrund des Handelsgesetzbuchs (HGB) in Verbindung mit dem Hochschulgesetz zur Nachhaltigkeitsberichterstattung verpflichtet. Diese Verpflichtung ergibt sich jedoch nicht direkt aus der Rechtsform, sondern aus den spezifischen gesetzlichen Regelungen in den Bundesländern. Zusammenfassend lässt sich sagen, dass die Organisationsform bzw. Rechtsform einer Hochschule damit einen entscheidenden Einfluss darauf hat, ob eine Verpflichtung zur Nachhaltigkeitsberichterstattung besteht oder nicht.

Weitere Gesetze und Vorschriften, die für die Nachhaltigkeitsberichterstattung indirekt relevant sein können, sind das Umweltrecht, Klimaschutzgesetze und haushaltsrechtliche Bestimmungen. Diese Regelungen können Vorgaben zu Umweltschutz, Emissionsreduktion, Ressourceneffizienz und Finanzierung nachhaltiger Maßnahmen enthalten. Sie müssen neben der Erstellung von Nachhaltigkeitsberichten berücksichtigt werden, um die rechtlichen Anforderungen zu erfüllen. Insbesondere Umwelt- und Klimaschutzvorschriften können die freiwillige Berichterstattung zu ökologischen Themen wie Energie, Wasser, Abfall oder Biodiversität beeinflussen. Auch haushaltsrechtliche Regelungen können relevant sein, wenn es um die Finanzierung und Budgetierung von Nachhaltigkeitsaktivitäten an Hochschulen geht. Insgesamt ist es für Mitarbeitende an den Hochschulen deshalb wichtig, diese zusätzlichen Gesetze und Vorschriften neben den Kernvorschriften zur Nachhaltigkeitsberichterstattung im Blick zu haben, um eine vollständige und rechtskonforme Berichterstattung sicherzustellen.

Europäische Vorgaben spielen den Ergebnissen zufolge eine wichtige Rolle in der kontinuierlichen Umsetzung der Nachhaltigkeitsberichterstattung. Die Europäische Union hat verschiedene Richtlinien und Verordnungen erlassen, die für Unternehmen verbindlich sind und deren Berichterstattung beeinflussen. Sie schaffen somit einen einheitlichen Rahmen für die Nachhaltigkeitsberichterstattung in der EU und haben damit ebenso Auswirkungen auf die tägliche Arbeit der Nachhaltigkeitsbeauftragten an Hochschulen. Diese müssen die geltenden Vorschriften trotz momentan unklarer Rechtslage genau kennen, zukünftig ggf. einhalten und in ihre Berichterstattungsprozesse integrieren, um etwaigen rechtlichen Anforderungen zu genügen.

Die regelmäßige Vorbereitung auf rechtliche Veränderungen im Bereich der Nachhaltigkeitsberichterstattung erscheint den Äußerungen der ExpertInnen nach sehr wichtig. Dazu gehört, neue Gesetzgebungsinitiativen und Richtlinien aufmerksam zu verfolgen und deren Auswirkungen auf die eigene Hochschule zu analysieren. Dies erscheint leistbar, indem man sich über Änderungen informiert, Schulungen besucht und mit Fachpersonen austauscht. Es ist zudem notwendig, Veränderungen frühzeitig wahrzunehmen, um sich rechtzeitig darauf einstellen zu können. Dazu lassen sich Branchennachrichten, Gesetzgebungsprozesse und Ankündigungen von Behörden verfolgen.

Zurecht werden in den nächsten Jahren von den ExpertInnen für den Bereich der Nachhaltigkeitsberichterstattung sowie für Fachhochschulen zwar insgesamt einige rechtliche Entwicklungen und Änderungen erwartet. Allerdings deutet sich eine Ausweitung und Verschärfung der Berichtspflichten im Bereich Nachhaltigkeit nicht an, insbesondere nicht durch neue rechtliche Planungen auf europäischer Ebene zur Omnibus-Initiative. Zum anderen werden Anpassungen und Präzisierungen der Berichterstattungsanforderungen für Hochschulen allgemein erwartet, etwa hinsichtlich der Inhalte, Formate und Veröffentlichungspflichten. Dies lässt sich nur teilweise bestätigen, weil innerhalb der Privatwirtschaft bereits entsprechende Standardisierungsbemühungen voranschreiten. Darüber hinaus könnten sich auch Änderungen bei den rechtlichen Rahmenbedingungen für die Erstellung und Prüfung von Nachhaltigkeitsberichten ergeben. Insgesamt deuten die Erwartungen der ExpertInnen auf eine zunehmende Regulierung und Standardisierung der Nachhaltigkeitsberichterstattung für Hochschulen hin, die nach derzeitiger Rechtslage jedoch (noch) nicht bestätigt werden können.

Zusammenfassend zeigen die Ergebnisse zu den Verpflichtungen aus rechtlichen Vorgaben ein heterogenes Bild: Während rechtliche Rahmenbedingungen zunehmend für die strategische Ausrichtung der Hochschulen und damit verbundene freiwillige Nachhaltigkeitsaktivitäten an Bedeutung gewinnen, bestehen Unterschiede im rechtlichen Wissensstand, in der Einschätzung der Relevanz von Normen und in der institutionellen Vorbereitung auf nationale Umsetzungsgesetze. Die Hochschulen stehen deshalb vor der Herausforderung, eine derzeit unsichere Rechtslage mit strategischer Klarheit im eigenen Interesse zu bewältigen.

Motivationscharakter

Die Ergebnisse unterstreichen, dass rechtliche Vorgaben, die für Hochschulen nicht verpflichtend sind, dennoch motivierend auf sie und dort arbeitende Einzelpersonen wirken können. Beispiele dafür sind die derzeitigen nationalen Vorschriften und europäischen Richtlinien zur Nachhaltigkeitsberichterstattung. Obwohl diese Vorgaben nicht zwingend umgesetzt werden müssen, können sie als Ansporn dienen, über die bloße Erfüllung der Pflichten hinaus zu gehen und die eigene Arbeit in Richtung Nachhaltigkeit weiterzuentwickeln. Solche motivierenden Aspekte können sich sowohl auf die alltägliche Jobgestaltung als auch auf die übergeordnete Strategie einer Organisation auswirken. Insbesondere Hochschulen sehen in diesen nicht-verpflichtenden Vorgaben oft wertvolle Impulse für ihre Nachhaltigkeitsaktivitäten. Die Motivation resultiert aus Reputationserwartungen, Netzwerken, internen Steuerungsbedarfen und dem gesellschaftlichen Anspruch, verantwortungsvoll und zukunftsorientiert zu handeln.

Wie aus den Ergebnissen deutlich wird, legen die Zielvereinbarungen im Hochschulbereich mitunter auch fest, dass Hochschulen einen Beitrag zur nachhaltigen Entwicklung leisten sollen, was die Erstellung von Nachhaltigkeitsberichten nahelegt. Auch Bestimmungen zu Transparenz und die Rechenschaftspflicht gegenüber der Öffentlichkeit können Hochschulen dazu motivieren, über ihre Nachhaltigkeitsleistungen zu informieren. Somit können die Vorgaben innerhalb von Hochschulgesetzen einen wichtigen rechtlichen Rahmen bilden, der Hochschulen dazu anregt, ihre Nachhaltigkeitsaktivitäten systematisch zu erfassen und zu kommunizieren. Dazu einhergehend gesellt sich auch das Interesse von

BürgerInnen, Studierenden und potenziellen Mitarbeitenden am Thema „Nachhaltigkeit" und stellt eine starke Motivation für die Hochschule dar, um darüber zu berichten und Rechenschaft abzulegen.

Erkennbar ist auch, dass Ministerien und Aufsichtsbehörden eine wichtige Rolle bei der Motivation von Fachhochschulen zur Nachhaltigkeitsberichterstattung spielen. Die Erwartungen und Anforderungen dieser Institutionen können die Hochschulen dazu bringen, freiwillig mehr in diesem Bereich zu leisten. Eine gewisse Treiberwirkung ist folglich feststellbar.

Der Deutsche Nachhaltigkeitskodex spielt eine wichtige Rolle in der Nachhaltigkeitsberichterstattung von Unternehmen und Organisationen. Er bietet einen standardisierten Rahmen, um Nachhaltigkeitsleistungen transparent und vergleichbar darzustellen. Für Hochschulen kann den Ergebnissen zufolge der Kodex ebenfalls relevant sein, da er Orientierung für die Form der Verankerung gibt. Er dient dann eher als Richtlinie, um Nachhaltigkeitsaktivitäten systematisch zu erfassen und zu kommunizieren. Bedeutender und zielführender erscheint aber die Anpassung und Nutzung des Hochschul-DNK.

Wie der Analyse zu entnehmen ist, spielt das Thema Nachhaltigkeit bei der Einwerbung von Fördermitteln und Drittmitteln für Hochschulen eine zunehmende Rolle. Viele Fördergebende und Zuschussgebende knüpfen ihre Unterstützung daran, dass die Hochschulen über ihre Nachhaltigkeitsaktivitäten berichten oder zumindest Aktivitäten dahingehend vorweisen. Eine umfassende Nachhaltigkeitsberichterstattung kann daher entscheidend sein, um Fördermittel und Drittmittel zu akquirieren. Hochschulen werden diese Berichterstattung daher als wichtiges Instrument nutzen müssen, um ihre Finanzierung durch externe Mittel zu sichern und auszubauen. Die Nachhaltigkeitsberichterstattung kann somit einen wesentlichen Einfluss auf die Finanzausstattung und Handlungsfähigkeit von Hochschulen haben. Eine Kopplung an die Grundfinanzierung wurde mehrheitlich von den ExpertInnen abgelehnt und ist im Kontext immer geringerer Haushaltsansätze überdies kritisch zu sehen, weil sie die Existenz der Hochschulen sogar beinträchtigen könnte.

Die staatliche Finanzierung der Fachhochschulen durch Steuermittel hat einen Einfluss auf deren Nachhaltigkeitsbemühen. Da die Hochschulen aus öffentlichen Geldern finanziert werden, sind sie dem Staat und der Öffentlichkeit gegenüber rechenschaftspflichtig. Dies kann dazu führen, dass von Hochschulen eine umfassende Transparenz über ihre Aktivitäten und den Einsatz der Steuermittel verlangt wird. Insgesamt zeigt sich, dass die staatliche Finanzierung damit ein gewisser Treiber für ein vorbildliches, gesetzeskonformes Wirken der Fachhochschulen ist, da sie ihrer Verantwortung gegenüber der Gesellschaft gerecht werden müssen.

Damit einhergehend macht es Sinn, die Nachhaltigkeitsthemen in den Governance-Instrumenten der Hochschule, wie Satzung, Vision, Strategie und Richtlinien, zu verankern. Diese bieten dann wichtige Motivationsanreize für die Nachhaltigkeitsberichterstattung und legen rechtliche Vorgaben und Ziele fest, die die HochschulmitarbeiterInnen dazu veranlassen, Nachhaltigkeitsaspekte in ihrer täglichen Arbeit zu berücksichtigen und darüber schließlich auch zu berichten.

Zwar konnten die Ergebnisse nicht zeigen, wie bedeutend die Nachhaltigkeitsberichterstattung für die regelmäßige Akkreditierung, Reakkreditierung und Qualitätssicherung von Hochschulen ist. Aber sie dürfte dennoch ein wichtiger Bestandteil der Qualitätsmanagementprozesse sein und zumindest mittelbar im Rahmen der Akkreditierung und Zertifizierung der Hochschulen eine zunehmende Rolle spielen. Eine durchgeführte Nachhaltigkeitsberichterstattung zeigt schließlich, dass die Hochschulen ihre Aktivitäten und Prozesse im Bereich der Nachhaltigkeit systematisch erfassen und kontinuierlich verbessern. Damit stellt dies einen wesentlichen Faktor dar, der die Qualität und Leistungsfähigkeit der Hochschulen widerspiegelt.

Hinsichtlich der Wissensbilanzen lässt sich feststellen, dass der Bekanntheitsgrad und die Anwendung des Berichtskonzepts der Wissensbilanz variieren. Manche InterviewpartnerInnen waren damit sehr vertraut, anderen ist es weniger geläufig. Insgesamt scheint das Konzept bei Universitäten stärker etabliert zu sein als bei Fachhochschulen. Nichtsdestotrotz könnten sich auch Potenziale in einer Verknüpfung der Inhalte von Wissensbilanz und Nachhaltigkeitsbericht sowie Synergieeffekte für die Arbeitsprozesse ergeben, die es wissenschaftlich noch genauer zu untersuchen gilt.

Erfahrungen

Die Fachhochschulen verfügen über sehr unterschiedliche Erfahrungen mit der Nachhaltigkeitsberichterstattung bzw. der Vorbereitung dazu. Sie machen jedoch überwiegend positive Erfahrungen – unabhängig davon, ob ihre Aktivitäten freiwillig oder (in Teilen) verpflichtend erfolgen. Während Berichtspflichten noch selten greifen, nutzen viele Einrichtungen freiwillige Reports zur Profilbildung, Orientierung und Steuerung. Das erscheint auch gerechtfertigt, weil so interne Entwicklungen gefördert und das strategische Nachhaltigkeitsverständnis gestärkt werden können. Gleichzeitig ist die vertrauensbildende Wirkung gegenüber der Öffentlichkeit und StakeholderInnen nicht zu unterschätzen. Denn Nachhaltigkeitsaktivitäten steigern bei der Öffentlichkeit die Wahrnehmung der Hochschule als verantwortungsvolle und zukunftsorientierte GesellschaftsakteurIn.

Einem Ausbau der verpflichtenden Nachhaltigkeitsberichterstattung stehen die ExpertInnen negativ gegenüber. Dies ist insoweit nachzuvollziehen, dass eine zu detaillierte Regulierung die Kreativität und Flexibilität der Organisationen bei der Umsetzung von Nachhaltigkeitsmaßnahmen einschränken könnte, oder sogar zu Wettbewerbsverzerrungen für kleinere Einrichtungen führen würde. Denn die Mittelvergabe an staatliche Hochschulen ist auch immer von der Studierendenzahlen abhängig, die rechtlichen Verpflichtungen müssen hingegen alle Einrichtungen gleichermaßen erfüllen. Und letztlich gilt es auch zu beachten, dass durch eine Überregulierung das Engagement für Nachhaltigkeit sogar eher gehemmt als gefördert werden könnte, wenn die Institutionen die Berichterstattung nur noch als lästige Pflichtaufgabe wahrnehmen.

Der Mehrwert einer Nachhaltigkeitsberichterstattung wird aber den Ergebnissen nach deutlich erkannt, sowohl für interne Prozesse als auch im Dialog mit der Öffentlichkeit. Die bestehenden Herausforderungen, u. a. in der Datenorganisation, Ressourcenzuteilung und institutionellen Verankerung, verwundern nicht. Der Erfolg hängt allerdings maßgeblich von Ressourcen, struktureller Verankerung und Lernbereitschaft ab. Somit scheinen Ressourcen und Zuständigkeiten zum kritischen Erfolgsfaktor zu werden, der bisher jedoch nur unzureichend vom Gesetzgeber erkannt wird. Darüber hinaus haben die Hochschulen das Personal nicht deutlich aufgestockt und Mitarbeitende für Nachhaltigkeitsthemen auch nicht besonders qualifiziert, um die nötigen Kompetenzen im Haus zu haben. Ferner zeigt sich, dass die Hochschulen die wachsende Bedeutung von Nachhaltigkeit und Berichterstattung zwar potenziell erkannt haben, aber entsprechende strukturelle und prozessuale Anpassungen ausbleiben. Es bedarf daher einer Anschubfinanzierung oder gesetzlicher Initiativen, damit einer Erweiterung in diesem Bereich die nötige Aufmerksamkeit zukommt.

An den Aussagen der ExpertInnen verwundert die mangelnde Bekanntheit von Auszeichnungen und Rankings. Es müsste angenommen werden, dass Hochschulen mit Auszeichnungen, Wettbewerben und Rankings vertraut sind, die das Thema Nachhaltigkeit fördern. Dazu gehören beispielsweise der Hochschulwettbewerb "Grüner Hochschulcampus", der von der Deutschen Bundesstiftung Umwelt ausgelobt wird und Hochschulen für ihre Nachhaltigkeitsaktivitäten auszeichnet. Auch der "Sustainability Award" des Deutschen Studentenwerks wird beworben, der Hochschulen für ihre Leistungen in den Bereichen Energie, Mobilität und Ernährung prämiert. Darüber hinaus gibt es Rankings wie den UI GreenMetric, der die Nachhaltigkeit von Hochschulen international vergleicht. Diese Auszeichnungen, Wettbewerbe und Rankings tragen dazu bei, die Bedeutung von Nachhaltigkeit an Hochschulen hervorzuheben und deren Engagement in diesem Bereich sichtbar zu machen. Insoweit bedarf es insgesamt wohl einer Verbesserung der Wahrnehmung solcher Möglichkeiten.

Zusammenfassend fällt auch die Bilanz hinsichtlich der Akzeptanz der Nachhaltigkeitsbemühungen sehr gemischt aus. Die Sensibilisierung für Nachhaltigkeit scheint gestiegen zu sein, die praktische Umsetzung erfordert jedoch weiterhin Anstrengungen, um die Akzeptanz und Wirksamkeit der Nachhaltigkeitsberichterstattung zu erhöhen. Hier lassen sich gewisse Parallelen zum typischen Change-Management erkennen, bei dem ebenfalls mit Widerständen von Seiten der Belegschaft gerechnet werden muss. Es käme dann besonders auf eine Veränderungsbegleitung zusätzlich zu den Nachhaltigkeitsaktivitäten an.

Die Sensibilität für Nachhaltigkeitsthemen wurde den Ergebnissen zufolge zwar erhöht und diese stärker in den Fokus gerückt. Aber ein Bewusstseinswandel ist dadurch nur bedingt angestoßen. Dieser könnte in der verstärkten Auseinandersetzung mit Nachhaltigkeitsaspekten in Forschung, Lehre und Betrieb gesehen werden. Da im Rahmen der Interviews jedoch nach einem „spürbaren" Wandel gefragt wurde, sind die Aussagen auch im Lichte einer potenziell subjektiven Wahrnehmung einzuordnen.

Die Informationspflichten entlang der Lieferkette spielten bisher noch keine wichtige Rolle im Lieferkettenmanagement der Hochschulen. Dies betrifft sowohl direkte GeschäftspartnerInnen als auch vorgelagerte AkteurInnen in der Lieferkette. Das kann darauf zurückzuführen sein, dass Hochschulen als Output „nur" Bildungsleistungen und keine physischen Waren bereitstellen, die von abnehmenden Unternehmen deshalb bisher nicht als Teil der Lieferkette angesehen werden. Ferner ist auf der Beschaffungsseite bei Hochschulen auch zu erkennen, dass überhaupt sehr wenige Eingangswaren eine Rolle spielen (z. B. Energie, Papier, Lehrmaterialien und ggf. Laborutensilien und Mobiliar). Doch in diesem Bereich könnten Zertifizierungen und Umweltsiegel von steigender Bedeutung sein und demnach auch Informationen zur Beschaffungskette an Relevanz gewinnen.

Förderungsmöglichkeiten

Die Ausweitung bestehender europäischer Regelungen zur Nachhaltigkeitsberichterstattung auf Wissenschaftseinrichtungen wie Universitäten und Fachhochschulen könnte trotz eher zurückhaltender Positionen der ExpertInnen sinnvoll sein. Denn eine explizite Benennung dieser Einrichtungen, bspw. in der CSRD, könnte dazu beitragen, die Berichtspflichten für den Nachhaltigkeitsbereich auf den Wissenschaftssektor auszuweiten. Dies würde die Transparenz und Rechenschaft im Hinblick auf Nachhaltigkeitsaspekte in diesem Bereich erhöhen. Zudem sollten einheitliche Standards für die Nachhaltigkeitsberichterstattung von Wissenschaftseinrichtungen geschaffen werden, um deren Vergleichbarkeit und Wirksamkeit zu fördern. Damit wäre dann auch die Auslegung des nationalen

Normengebers eingeschränkter, sodass dieser entsprechende Rechtsnormen mit passendem Anwendungsbereich auszufertigen müsste.

Selbst wenn die Verknüpfung von finanziellen Mitteln, wie Fördermittel, Drittmittel oder die Grundfinanzierung, an die Einhaltung von Nachhaltigkeitskriterien und eine entsprechende Berichterstattung kritisch gesehen wird, könnte dies dazu motivieren, Nachhaltigkeit stärker in die Aktivitäten zu integrieren und darüber transparent zu berichten. Eine solche Bedingung müsste allerdings sowohl für Fachhochschulen als auch für Universitäten gelten und die Besonderheiten und Herausforderungen der einzelnen Hochschultypen berücksichtigen, um eine nachvollziehbare und faire Anwendung zu gewährleisten.

Hinsichtlich der Vorgabe einheitlicher Berichtsformate zählen die Vergleichbarkeit und Transparenz zu den relevanten Argumenten. Allerdings zeigt sich, dass die Vor- und Nachteile einer Standardisierung sorgfältig gegeneinander abgewogen werden müssen, um eine ausgewogene Lösung zu finden, die den Bedürfnissen gerecht wird. Dabei sollten Anpassungen für Hochschulen zur Berichtsstruktur, Kennzahlen und Individualisierungsmöglichkeiten mit der Praxis und Wissenschaft diskutiert werden.

Ein gemeinsamer Nachhaltigkeitsbericht für alle Hochschulen wäre trotz aller Zurückhaltung und Skepsis der ExpertInnen in einem bestimmten geografischen Gebiet, wie beispielsweise unter allen staatlichen Fachhochschulen in Österreich oder allen Hochschulen in Nordrhein-Westfalen, eine wissenschaftlich interessante Initiative. Dabei würde jede Hochschule ihren individuellen Beitrag zu diesem Gesamtwerk leisten, sodass am Ende ein umfassendes Bild der Nachhaltigkeitsaktivitäten im Hochschulsektor entsteht. Ein solcher Ansatz hätte möglicherweise den Vorteil, dass Ressourcen gebündelt und Synergien besser genutzt werden könnten. Zudem würde ein solcher Bericht die Vergleichbarkeit zwischen den Hochschulen erhöhen und die Transparenz in Bezug auf Nachhaltigkeit im Hochschulwesen insgesamt verbessern. Insoweit erscheint diese Option zumindest besser als wenn überhaupt keine Nachhaltigkeitsaktivitäten durchgeführt werden.

Bezogen auf eine öffentliche Datenbank oder Plattform, auf der die Nachhaltigkeitsberichte der Hochschulen veröffentlicht und vergleichbar gemacht werden, kann festgestellt werden, dass dies eine Möglichkeit darstellt, durch die sich Hochschulen inspirieren lassen und voneinander lernen können. Eine solche öffentliche Datenbasis würde zudem die Rechenschaftspflicht der Hochschulen erhöhen und gleichzeitig Anreize für ein stärkeres Engagement schaffen.

Durch den Austausch von Best Practices können die Hochschulen voneinander profitieren und ihre Nachhaltigkeitsberichterstattung verbessern. Dies ermöglicht es ihnen, ihre Nachhaltigkeitsaktivitäten und -fortschritte effektiver zu kommunizieren und zu vergleichen. Zudem können die Hochschulen gemeinsam an innovativen Lösungen arbeiten und ihre Ressourcen bündeln, um Synergien zu schaffen. Eine verstärkte Zusammenarbeit fördert auch den interdisziplinären Dialog und den Wissenstransfer zwischen den Einrichtungen. Darüber hinaus kann eine solche Vernetzung dazu beitragen, die Sichtbarkeit und Relevanz des Themas Nachhaltigkeit in der Hochschullandschaft zu erhöhen. Die stärkere Vernetzung der staatlichen Hochschulen bietet also vielfältige Chancen, um die Nachhaltigkeitsberichterstattung und -praxis in diesem Sektor voranzubringen.

4.13 Vergleich der gewonnenen Erkenntnisse mit der Literatur

Um eine gewisse Generalisierung der Aussagen zu erreichen, müssen die vorstehend gewonnenen Erkenntnisse mit der Forschung anderer WissenschaftlerInnen und der übrigen Datenlage abgeglichen werden. Dabei ist nochmals anzumerken, dass sich für staatliche Hochschulen ein Mangel an konkreten Studiendaten zur Nachhaltigkeitsberichterstattung ergibt. Aus diesem Grund werden neben den in Abschnitt 1.1 vorgestellten hochschulspezifischen Beiträgen auch Publikationen zu Unternehmen aus der Privatwirtschaft herangezogen.

Die wohl meisten Übereinstimmungen ergeben sich zu der Untersuchung von Rieckmann et al. (2024) für den universitären Bereich. Inhaltlich vergleichbare Ergebnisse zeigen sich zur Netzwerkbildung und Koordination (vgl. Giesenbauer & Schmitt, 2024, S. 191), zur Institutionalisierung der Nachhaltigkeit (vgl. Kirst, Schroth & Meyer, 2024, S. 69 f.), zu den Herausforderungen bei der Umsetzung (vgl. Delakowitz et al., 2024, S. 141 f.) sowie zur Einbindung in die Hochschul-Governance (vgl. Bauer et al., 2024, S. 151 f.). Viele der dortigen Ausführungen beziehen sich allerdings mehr auf Nachhaltigkeitsbemühungen insgesamt (inkl. Klimaschutz, Nachhaltigkeitstransfer und Ressourceneffizienz). Da Universitäten und Fachhochschulen ähnliche Strukturen aufweisen, stellen die Ergebnisse von Roose et al. (2024, S. 167 ff.) zur Nachhaltigkeitsberichterstattung von Hochschulen für diese Arbeit die wichtigste Vergleichsstudie dar. Im direkten Abgleich der Untersuchungen zeigen sich Inhaltsdeckungen bei den Rahmenbedingungen für Nachhaltigkeitsberichte, der Bedeutung der Einbindung von Stakeholdern und den Herausforderungen bei der Datenerfassung.

Vom Stifterverband stammt ein Policy Paper (vgl. Stifterverband, 2022), welches im Jahr 2022 nachweisen konnte, dass viele Hochschulen, wie auch aus den hiesigen Interviews erkennbar, bereits Nachhaltigkeitsbeauftragte benannt haben und sich in der Lehre mit Nachhaltigkeitsthemen befassen.

Bezüge zu den Erkenntnissen finden sich auch übereinstimmend in einer Publikation aus 2024 der Friedrich Ebert Stiftung zur Nachhaltigkeit an Hochschulen (vgl. Borgwardt, 2024), zum Beispiel, dass Hochschulen eine Schlüsselrolle bei der nachhaltigen gesellschaftlichen Entwicklung spielen, Hochschulgesetze zunehmend Nachhaltigkeitsziele beinhalten und die Umsetzung der Nachhaltigkeitsbemühungen unter den Hochschulen höchst unterschiedlich ausfallen.

Wie die Arbeit gezeigt hat, stellt die CSRD eine entscheidende Orientierung für die Hochschulen dar. Dies deckt sich mit den Ergebnissen einer Studie von KPMG aus dem Jahr 2024, nach der bereits die Hälfte der großen Firmen die CSRD-Kriterien anwenden (vgl. KPMG, 2024). Allerdings zeigt die Untersuchung, dass bei fast allen Unternehmen Nachhaltigkeitsberichte vorhanden sind, mithin deutlich im Kontrast zu den nur wenigen freiwilligen Berichten im Bereich der untersuchten Hochschulen. Mangels nationaler Umsetzungsgesetze bleibt auch im Bereich vieler privater Organisationen das Ausmaß der freiwilligen Berichte hoch. Somit lässt sich, wie bei Hochschulen, ein proaktives freiwilliges Vorangehen erkennen. Ebenso kann aus den Daten ersehen werden, dass die Unternehmen zentrale Zuständigkeiten für die Thematik eingerichtet haben. In den hier geführten Interviews wurde dies vergleichbar von den Expertinnen dargelegt.

Rund 63 % der Unternehmen geben in einer Studie von PwC aus dem Jahr 2024 an, dass sie CSRD-konform berichten könnten (vgl. PwC, 2024). Dahingehend zeigen die hier gewonnenen Daten, dass es den Hochschulen äußerst schwerfällt, die Kriterien einzuhalten und sie sich wünschen, dass eine Anpassung auf den spezifischen Hochschulkontext erfolgt. Die Untersuchungen haben jedoch gemeinsam, dass sowohl Privatorganisationen als auch staatliche Hochschulen über Probleme bei der Datenverfügbarkeit und -qualität berichten. Einer Auswertung der ersten 100 Nachhaltigkeitsberichte bei PwC zufolge spiegeln die Berichtsinhalte nur bedingt Kernbereiche wider, die auch bei Hochschulen zu finden wären (vgl. PwC, 2025).

Ernst & Young haben im Jahr 2024 für Österreich ermittelt, dass 94 % der Großunternehmen auf rechtliche Vorgaben reagieren, 40 % über eine eigene Sustainability-Abteilung verfügen und über 50 % die Nachhaltigkeitsthemen bereits vollständig in ihre Unternehmensstrategie integriert haben (vgl. EY, 2024). Diese Werte lassen sich zwar nicht direkt auf Hochschulen übertragen. Aber allgemein betrachtet kann der Trend bestätigt werden, weil aufgrund der Staatlichkeit der Hochschulen ohnehin die Compliance-Bemühungen hoch sind. Zudem wird aus den Interviews deutlich, dass in allen Hochschulen spezielle

Stellen, wenn auch nicht mit Abteilungen vergleichbar, eingerichtet wurden. Ferner gaben mehr als die Hälfte der ExpertInnen an, die Thematik in den Governance-Instrumenten bereits verankert zu haben.

Von den mit der Nachhaltigkeitsberichterstattung betrauten Personen geben einer weiteren Studie zufolge 60 % an, mit ihrer Arbeit zufriedenstellende Fortschritte zu erzielen (vgl. Future Institute, 2024). Im Vergleich scheint die Zufriedenheit mit dem Erfolg und der Effektivität der eigenen Aktivitäten an den Hochschulen (Kategorie 4.15 im Codebuch aus dem elektronischen Zusatzmaterial) sogar deutlich höher auszufallen.

Die Bertelsmann-Stiftung fand in ihrer Studie im Jahr 2024 u. a. heraus, dass zu den größten Hindernissen bei der Nachhaltigkeitsberichterstattung die Ressourcenknappheit und unvollständige Datenlage zählen (vgl. Bertelsmann Stiftung, 2024). Die dortigen Informationen decken sich insoweit vollständig mit den hier gewonnenen Erkenntnissen.

5 Schlussfolgerungen und Implikationen

Aus dem theoretischen und empirischen Teil dieser Ausarbeitung sollen nun die Ergebnisse zusammengeführt werden, um direkte Antworten auf die Forschungsfragen zu präsentieren. Aufbauend auf der inhaltlichen Auswertung werden darüber hinaus konkrete Handlungsempfehlungen abgeleitet, die sich sowohl an politische EntscheidungsträgerInnen (in ihrer Funktion als Gesetzgeber) als auch an Hochschulen selbst richten. Diese Hinweise orientieren sich an den identifizierten Herausforderungen und Potenzialen der Nachhaltigkeitsberichterstattung im Hochschulkontext und sollen als praxisnahe Impulse für die zukünftige Ausgestaltung rechtlicher, struktureller und organisatorischer Rahmenbedingungen dienen.

5.1 Beantwortung der Forschungsfragen

Die an der Theorie ausgerichtete Fragestellung lautete wir folgt:

> *Welche Vorgaben verpflichten bzw. motivieren staatliche Fachhochschulen in Deutschland und Österreich zu einer Nachhaltigkeitsberichterstattung?*

Zum Zeitpunkt der Entstehung dieser Ausarbeitung (bis Juli 2025) war die Corporate Sustainability Reporting Directive (CSRD) auf europäischer Ebene bereits beschlossen, ihre nationale Umsetzung in Deutschland und Österreich jedoch noch nicht erfolgt. Umsetzungsgesetze befanden sich zwar in Planung, wurden aber durch die nationalen Parlamente in beiden Ländern nicht ratifiziert. Die CSRD sieht grundsätzlich vor, dass künftig auch öffentliche Institutionen wie

D. S. Schaebs, *Nachhaltigkeitsberichterstattung an staatlichen Hochschulen*, BestMasters, https://doi.org/10.1007/978-3-658-49951-8_5

Hochschulen in erweiterte Berichtspflichten einbezogen werden könnten, insbesondere dann, wenn sie bestimmte Rechtsformen haben und zusätzlich Größen- oder Tätigkeitsmerkmale erfüllen. Für staatliche Fachhochschulen lässt sich daraus noch nicht abschließend klären, ob und in welchem Umfang sie tatsächlich unter die Berichtspflicht fallen. Damit fehlte zum Zeitpunkt der Forschung eine rechtlich bindende Grundlage, um von einer allgemeinen Verpflichtung zur Nachhaltigkeitsberichterstattung für staatliche Fachhochschulen in Deutschland und Österreich auszugehen. Dahingehend konnte auch der Entwurf zur Omnibus-Initiative keine Klärung bringen, denn auch hier stehen die Finalisierung auf EU-Ebene sowie die anschließende nationale Umsetzung aus.

Auf nationaler Ebene ist die Situation in beiden Ländern heterogen. In Deutschland existieren in einzelnen Landeshochschulgesetzen erste rechtliche Hinweise und Formulierungen, die Nachhaltigkeit als strategisches Ziel und gelegentlich auch eine Berichterstattung hierzu in Anlehnung an die Pflichten des Handelsgesetzbuchs als Vorgabe gegenüber Hochschulen definieren (z. B. im Freistaat Sachsen). Eine flächendeckende gesetzliche Verpflichtung zur Nachhaltigkeitsberichterstattung für alle staatlichen Fachhochschulen in Deutschland bestand jedoch nicht. Vielmehr motiviert die bestehende Rechtslage bislang zu freiwilligen Aktivitäten der Hochschulen, besonders auf Grundlage von Rahmenwerken wie dem Deutschen Nachhaltigkeitskodex (DNK) oder spezifischeren Kriterien nach dem Hochschul-DNK.

In Österreich galt zum Untersuchungszeitpunkt das Unternehmensgesetzbuch (UGB) mit seiner erweiterten Offenlegungspflicht (nichtfinanzielle Erklärung gemäß § 243b UGB) ausschließlich für große Kapitalgesellschaften. Öffentliche Fachhochschulen sind davon in der Regel nicht betroffen, weil sie die Kenngrößen, an die das Gesetz die Pflicht knüpft, üblicherweise nicht erreichen. Auch in der hochschulrechtlichen Regelung des Bundes (Fachhochschulgesetz) fanden sich keine verpflichtenden Vorgaben zur Nachhaltigkeitsberichterstattung von Fachhochschulen. Dennoch zeichnet sich bereits ab, dass sich das normative Umfeld in naher Zukunft in beiden Ländern je nach politischem Willen deutlich verändern könnte und damit auch die Anforderungen an Fachhochschulen.

Unabhängig von einer gesetzlichen Verpflichtung zur Berichterstattung ergab sich die Motivation zu Nachhaltigkeitsbemühungen an staatlichen Hochschulen aus anderen Normen bzw. Rahmenwerken wie der OECD Agenda 2030 mit den SDGs, dem European Green Deal, nationalen Klimaschutzgesetzen, den Energieeffizienzgesetzen oder dem Lieferkettensorgfaltspflichtengesetz oder Gebäudeenergiegesetzen. Daraus resultierend erfolgen institutionelle Eigeninitiative, Förderprojekte oder der Wunsch, gesellschaftliche Verantwortung sichtbar zu machen. Es wirken beispielsweise Faktoren wie Reputationsgewinne oder Erwartungen von StakeholderInnen (Studierende, Mitarbeitende und Politik inkl. Ministerien).

Zusammenfassend lässt sich feststellen, dass staatliche Fachhochschulen in Deutschland und Österreich aktuell nicht flächendeckend rechtlich verpflichtet, aber zunehmend politisch, gesellschaftlich und institutionell motiviert sind, Nachhaltigkeitsberichte zu erstellen. Der Handlungsdruck wird sich erst im Zuge der zu erwartenden gesetzlichen Entwicklungen, insbesondere durch die CSRD-Umsetzung und der Omnibus-Initiative, realistisch darstellen.

Um die tatsächliche Umsetzung der Nachhaltigkeitsberichterstattung und die Expertise der ExpertInnen in Erfahrung zu bringen, wurde die folgende zweite Forschungsfrage an der Empirie ausgerichtet:

Welche Erfahrungen bestehen an staatlichen Fachhochschulen in Deutschland und Österreich hinsichtlich einer freiwilligen oder verpflichtenden Nachhaltigkeitsberichterstattung?

Die Auswertung der Interviews zeigt, dass sich die Erfahrungen mit der Nachhaltigkeitsberichterstattung an staatlichen Fachhochschulen derzeit auf einem sehr heterogenen Niveau befinden. Die Spannbreite reicht von ersten Überlegungen über Pilotberichte bis hin zu veröffentlichten Nachhaltigkeitsberichten.

In Deutschland lagen an einigen Fachhochschulen bereits erste Berührungen mit Nachhaltigkeitsberichterstattung vor – entweder durch die Teilnahme an Netzwerken, durch Eigeninitiative oder durch regionale politische Impulse (wie Ländervorgaben in Hochschulgesetzen oder Zielvereinbarungen). In vielen Fällen ist die Berichterstattung jedoch noch nicht strukturell verankert, sondern stark personen- oder projektbezogen. Die gesetzlichen Rahmenbedingungen, etwa auf Ebene der Landeshochschulgesetze, werden teilweise als unklar oder nicht handlungsleitend wahrgenommen.

In Österreich wurde ein ähnliches Bild deutlich. Hier erfolgt die Nachhaltigkeitsberichterstattung ebenso auf freiwilliger Basis an den Hochschulen, wobei insbesondere die strategische Positionierung gegenüber externen StakeholderInnen (z. B. Studierenden und Mitarbeitenden) sowie die Teilnahme an Netzwerken (Wettbewerb) als Motivatoren genannt wurden. Gleichzeitig zeigt sich, dass österreichische Fachhochschulen wegen ihrer Rechtsform als Kapitalgesellschaften häufig auf das Unternehmensgesetzbuch (UGB) verweisen, das jedoch in der Praxis nur für wenige große Trägergesellschaften relevant wird. Auch hier herrscht der Eindruck vor, dass es keine klaren rechtlichen Anforderungen gibt, besonders nicht nach dem Fachhochschulgesetz, was die Berichterstattungserfolge erschwert und Unsicherheit erzeugt.

Es wurde deutlich, dass der Aufwand zur Datenerhebung, die mangelnde personelle und finanzielle Ausstattung sowie das Fehlen einer geeigneten digitalen Infrastruktur in beiden Ländern zentrale Hürden darstellen. Gerade kleineren Fachhochschulen fehle es oft an Ressourcen, um ein vollständiges Berichtssystem aufzubauen und nachhaltig zu pflegen. Auch die Frage nach geeigneten Indikatoren (KPIs) und hochschulspezifischen Standards wurde mehrfach kritisch angesprochen.

Gleichzeitig wurden aber auch eine Reihe positiver Erfahrungen betont. Dazu zählen etwa die Sensibilisierung von Studierenden und KollegInnen innerhalb der Hochschule, die Nutzung von Nachhaltigkeitsaktivitäten als Steuerungsinstrument sowie die Möglichkeit, durch transparente Kommunikation nach außen Vertrauen und Sichtbarkeit zu gewinnen. In einzelnen Fällen zeigte sich zudem, dass die potenzielle Pflicht zur Erstellung eines Berichts intern zu strukturellen Veränderungen geführt hat, z. B. durch die Schaffung neuer Gremien, Zuständigkeiten, Schnittstellen für Daten oder interdisziplinärer Nachhaltigkeitsprojekte.

Resümierend lässt sich festhalten, dass die Erfahrungen mit Nachhaltigkeitsberichterstattung an staatlichen Fachhochschulen in Deutschland und Österreich überwiegend vorhanden, aber insgesamt noch wenig systematisch verankert sind. Viele Hochschulen befinden sich noch im Aufbau entsprechender Strukturen und verfügen nicht um die notwendigen Ressourcen, um das Thema mit der notwendigen Relevanz voranbringen zu können.

Schließlich wurde die folgende dritte Forschungsfrage so gestellt, dass sie Handlungsempfehlungen und Maßnahmen für den Gesetzgeber in Deutschland und Österreich erkennbar machen soll:

Welche Maßnahmen kann der Gesetzgeber treffen, damit die Nachhaltigkeitsberichterstattung an staatlichen Fachhochschulen in Deutschland und Österreich gefördert wird?

Der Gesetzgeber kann durch gezielte Maßnahmen dazu beitragen, die Verbreitung und Qualität der Nachhaltigkeitsberichterstattung an staatlichen Fachhochschulen zu steigern. Dabei lassen sich drei zentrale Handlungsfelder identifizieren: eine rechtliche Verankerung der Verpflichtung, die finanzielle und strukturelle Unterstützung sowie die Schaffung von mehr Standardisierung und Orientierung bei der bereits bestehenden Rechtslage.

Will der Normengeber eine verbindliche Berichtspflicht für staatliche Fachhochschulen schaffen, entweder auf bundesweiter Ebene (in Österreich) oder durch Anpassungen in den jeweiligen Landeshochschulgesetzen (in Deutschland), müsste er die Umsetzungsgesetze zur CSRD ratifizieren und Hochschulen entweder begrifflich oder dem Wesen nach in den Adressatenkreis der Regelung einbeziehen. Er könnte auch den Anwendungsbereich des HGBs in Deutschland oder UGBs in Österreich um typische Rechtsformen von Hochschulen erweitern bzw. mit geringeren Schwellenwerten versehen. Darüber hinaus eignen sich auch eigenständige Vorschriften nach den Hochschulgesetzen, die parallel zu der Privatwirtschaft eine Nachhaltigkeitsberichterstattung nach möglicherweise spezifischeren Kriterien einfordern.

Das betrifft die Vereinheitlichung der Berichtsformate mit hochschulspezifischen, aber europäisch anschlussfähigen Indikatorensystemen und eines gemeinsamen Orientierungsrahmens, z. B. etwa durch eine Orientierung am Hochschul-DNK.

Abseits einer einschlägigen Rechtsvorschrift zur Nachhaltigkeitsberichterstattungspflicht für Hochschulen eignen sich weiche Steuerungsinstrumente wie Zielvereinbarungen (Nachhaltigkeitsberichte als Teil institutioneller Rechenschaftsberichte), Anreizsysteme oder die Verknüpfung von Nachhaltigkeitszielen mit der Finanzierung, allerdings zusätzlich zur Grundfinanzierung. So könnten mehr finanzielle Ressourcen und personelle Kapazitäten eine qualitativ hochwertige Berichterstattung ermöglichen. Der Gesetzgeber könnte beispielsweise gezielte Förderprogramme aufsetzen, z. B. in Form einer leistungsabhängigen, erhöhten Zusatzfinanzierung, von projektbezogenen Drittmitteln, Stellenförderungen oder hochschulspezifischen Budgets für Nachhaltigkeitsmanagement. Auch die Einrichtung zentraler Kompetenzstellen oder Beratungsplattformen auf Landes- oder Bundesebene könnte kleinere Hochschulen gezielt unterstützen. Denn gerade beim Aufbau der Prozesse und der kontinuierlichen Durchführung käme es auf Best-Practice-Beispiele an, damit nicht unnötig Steuergeld für externe Beratungen und Parallelstrukturen als Insellösungen aufgebracht werden müssen. Das könnte dann auch im weiteren Sinne die staatliche Koordination eines landesweiten Nachhaltigkeitsberichts durch diese Kompetenzstellen oder den Ausbau von digitalen Berichtsplattformen zur Veröffentlichung und zum Benchmarking umfassen (siehe Abschnitt 5.2.2).

5.2 Implikationen

Die nachfolgenden Empfehlungen stützen sich auf die identifizierten Herausforderungen, Bedarfe und Potenziale, wie sie im Rahmen der ExpertInnen-Interviews sichtbar wurden. Sie richten sich an zwei zentrale Zielgruppen:

einerseits an die Gesetzgeber auf europäischer und nationaler Ebene, andererseits an die staatlichen Fachhochschulen selbst als potenziell berichtspflichtige bzw. berichtsbereite Institutionen.

5.2.1 Normative Handlungsempfehlungen für den Gesetzgeber

Normative Handlungsempfehlungen für den Gesetzgeber können strukturelle, rechtliche und förderpolitische Maßnahmen enthalten. Jedoch ist zu beachten, dass rechtliche Verpflichtungen für Hochschulen mit Bedacht eingeführt und klar definiert werden sollten, etwa hinsichtlich des Berichtsumfangs und der -intervalle, der inhaltlichen Mindestkriterien sowie möglichen Übergangsfristen, weil Hochschulen vereinzelt mangels unklarer Rechtslage noch wenig Vorarbeiten geleistet haben.

EU-Ebene
Der derzeitige CSRD-Rahmen ist primär auf kapitalmarktorientierte Unternehmen und große Kapitalgesellschaften ausgerichtet. Öffentliche Einrichtungen wie staatliche Hochschulen sind nicht systematisch erfasst. Es ist empfehlenswert, eine rechtsverbindliche Erweiterung des Anwendungs- bzw. Geltungsbereichs oder eine explizite Aufzählung im Artikel vorzunehmen, sodass auch öffentliche Hochschulen und deren Trägerinstitutionen unter spezifische Berichtspflichten fallen – analog zur Ausweitung der Transparenzpflichten im öffentlichen Beschaffungswesen oder bei Banken. Durch die Aufnahme innerhalb der Richtlinie wären nationale Normengeber gezwungen, den Adressatenkreis innerhalb der Umsetzungsgesetze entsprechend auszurichten.

Aufgrund der Diskussion zur Omnibus-Initiative sollte die Gelegenheit genutzt werden, um die Nachhaltigkeitsberichterstattung von Hochschulen verbindlich in europäisches Recht zu integrieren, z. B. durch eine Pflicht für alle staatlich finanzierten Bildungseinrichtungen über einer bestimmten Größe oder Relevanzschwelle. Dies würde helfen, die Berichtspflichten für solche öffentliche Einrichtungen zu harmonisieren, weil auch hier der nationale Gesetzgeber Wege zur Ausgestaltung der Verpflichtung finden müsste und dabei die individuellen Gegebenheiten im jeweiligen EU-Mitgliedsstaat ausreichend berücksichtigen könnte.

Obgleich bereits viele der Fördermittelprojekte Nachhaltigkeitsbemühungen thematisieren, könnten Forschungsrahmenprogramme (z. B. Horizon Europe) oder Investitionsgelder noch deutlicher an nachgewiesene Nachhaltigkeitsaktivitäten und die passende Berichterstattung der Hochschule gekoppelt werden. Dies wäre ein effektives Steuerungsinstrument, sogar ohne Normierungsbedarf innerhalb der Richtlinien.

Nationale Ebene

Da die nationalen Gesetzgeber bei der Ausgestaltung der Umsetzungsgesetze zur CSRD (inkl. Omnibus) gewisse Spielräume haben, sei an dieser Stelle darauf hingewiesen, dass die Berichtspflicht auf staatliche Hochschulen zwingend ausgedehnt werden müsste, falls auf EU-Ebene eine dahingehende Konkretisierung der Rechtslage erfolgen würde. Aber gewiss könnte ein Mitgliedstaat auch über das von der EU geforderte bei der Ausgestaltung hinausgehen, sodass beispielsweise die Umsetzungsgesetze noch weitere Organisationstypen einbeziehen oder niedrigere Schwellenwerte vorgeben. Aufgrund der vielfältigen Regelungsmöglichkeiten wird auf eine Darstellung konkreter Rechtsetzungsvarianten verzichtet.

In Deutschland regelt das Handelsgesetzbuch (§§ 289b ff. HGB) bereits die nichtfinanzielle Berichterstattung für große Unternehmen. Es wäre rechtlich und politisch möglich, zunächst den Anwendungsbereich um öffentliche Einrichtungen, darunter staatliche Hochschulen, zu erweitern. Dazu müssten Hochschulen als „Kaufmann im Sinne des Gesetzbuchs“ gesetzlich fingiert werden (vgl. §1 HGB). Und anschließend könnte dann durch einen neuen Absatz im § 289b HGB z. B. Folgendes geregelt werden:

> *„Die Berichtspflicht nach Absatz 1 gilt entsprechend für Körperschaften, Anstalten und Stiftungen des öffentlichen Rechts, die überwiegend öffentlich finanziert sind und eine strategische Funktion in Bildung, Wissenschaft oder Daseinsvorsorge erfüllen.“.*

Etwas einfacher wäre es beim Unternehmensgesetzbuch in Österreich. Zunächst müsste der Katalog in Paragraf 2 des Gesetzes um Hochschulen ergänzt werden. Sie wären dann im Anwendungsbereich als Unternehmer kraft Rechtsform. So hat der Gesetzgeber dies beispielsweise für Sparkassen als öffentliche Institutionen bereits dort geregelt. Anschließend müsste § 243b UGB um öffentlich geförderte oder nicht-gewinnorientierte Bildungsträger, sofern sie öffentliche Mittel beziehen, ergänzt werden.

Für beide Normengeber gilt es aber zu entscheiden, ob eine Gleichstellung mit den Privatunternehmen erfolgen soll, also die Berichtspflicht an das Erreichen gewisser Schwellenwerte anknüpft, oder ob aufgrund der Vorbildfunktion öffentlicher Einrichtungen eine grundsätzliche Verpflichtung gewünscht ist.

Bildung ist in Deutschland Ländersache. Deshalb können die Länder über ihre Landeshochschulgesetze selbst entscheiden und müssten jeweils eigene Regelungen für Hochschulen einführen. In Österreich würde eine Verankerung im Fachhochschulgesetz auf Bundesebene ausreichen. Als Musterlösung soll deshalb an dieser Stelle lediglich folgender Passus für die Abbildung innerhalb des jeweiligen Gesetzes gelten:

„Hochschulen erstellen regelmäßig allein oder gemeinsam mit anderen Hochschulen einen Nachhaltigkeitsbericht nach anerkannten Standards. Per Verordnung kann geregelt werden, welche Standards zur Erfüllung der Berichtspflicht zugelassen sind.“.

Darüber hinaus ergeben sich national auch Möglichkeiten zur Ausgestaltung von Anreizen im Gesetzestext, beispielsweise wenn die Vergabe von Mitteln an das Vorliegen eines aktuellen Nachhaltigkeitsberichts geknüpft wird, z. B. über Zielvereinbarungen zwischen Land und Hochschule oder eine bedingte Wirtschaftsförderung für staatliche Drittmittel in Lehre und Forschung oder die Zuweisung von Personalstellen.

5.2.2 Praktische Handlungsempfehlungen für staatliche Fachhochschulen

Hochschulen könnten ihre Aktivitäten für die Nachhaltigkeitsberichterstattung in Hinblick auf die potenziell drohenden Verpflichtungen strategischer auf- bzw. auszubauen. Dabei müssten sie zunächst selbst bewerten, auf welcher Fortschrittsebene in Hinblick auf eine drohende Nachhaltigkeitsberichterstattungspflicht sie sich verorten. Hierzu kann aus den Interview-Ergebnissen und Erkenntnissen dieser Arbeitung das in Abbildung 5.1 veranschaulichte Reifegradmodell gebildet werden.

Stufe 1: Verantwortung verankern – Zuständigkeit klären – Strukturen schaffen
Hierbei bedarf es der Benennung einer Ansprechperson oder Koordinationsstelle für Nachhaltigkeitsberichterstattung, vorzugsweise als Stabstelle – nah bei der Hochschulleitung oder beim Controlling bzw. als Nachhaltigkeitsteam. Entscheidend ist die Zentralität bei der Zuständigkeit und den Entscheidungswegen, wobei interdisziplinäre Arbeitsgruppen und Gremienarbeit zielführend sein können, z. B. aus Verwaltung, Lehre, Forschung und Technik (u. a. Facility Management, IT). Budget, Kompetenzen und Durchgriffsrechte sollten geklärt werden. Jede Gelegenheit zur Vorstellung in Gremien oder Einführungsworkshops ist hilfreich.

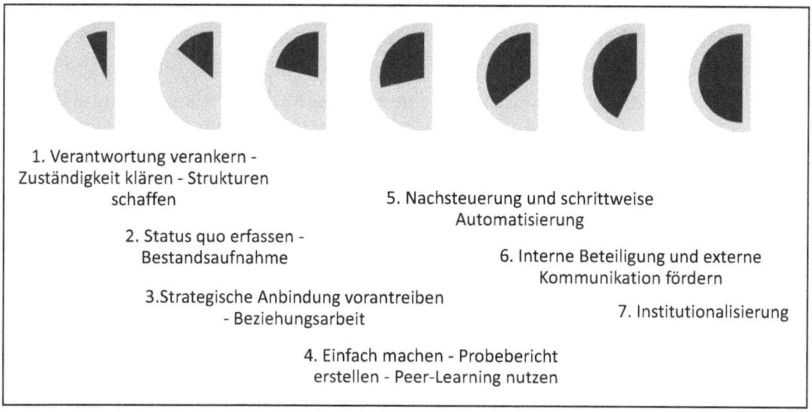

Abbildung 5.1 Reifegradmodell für Hochschulen zur Vorbereitung. (Quelle: eigene Darstellung)

Sofern möglich, können Steuer- oder Drittmittel für den Aufbau eingeworben oder vorhandene Projekte herangezogen werden. Zum Aufbau klarer Strukturen und Prozesse bieten sich Best-Practice-Beispiele an, die über etablierte Netzwerke in Erfahrung gebracht werden können (z. B. Orientierung am Hochschul-DNK, Projekt HochN, Bündnis Nachhaltige Hochschulen in Österreich).

Stufe 2: Status quo erfassen – Bestandsaufnahme

Die eigene Ausgangssituation sollte transparent werden. Es müssen alle bisherigen Aktivitäten, z. B. aus den Bereichen Governance, Lehre, Forschung, Hochschulbetrieb/-verwaltung und etwaigen Transferbereichen analysiert werden. Die Kernfrage lautet: Was haben wir bereits? Dazu zählt auch ein Überblick zu vorhandenen Daten und deren Quellen (z. B. Verbrauchsdaten, Mobilitätsdaten, Materialaspekte, Gleichstellungs- / Diversityberichte etc.). Stärken und Schwächen sollten nun erkennbar sein.

Stufe 3: Strategische Anbindung vorantreiben – Beziehungsarbeit

Die Nachhaltigkeitsberichterstattung ist keine einmalige Aufgabe, sondern ein laufender Prozess. Insoweit braucht es viel Fingerspitzengefühl, Beziehungsarbeit und Kommunikation, um der Notwendigkeit des Themas und den eigenen Aufgaben einen Stellwert zu verschaffen. Dazu sollten auch die typischen Governance-Instrumente der Hochschule (u. a. Satzung, Strategie, Leitlinien,

Vision, Leitbilder, etc.) ins Visier genommen und die Rückendeckung von Seiten der Hochschulleitung abgesichert werden. Es braucht ein Top-Down- und Bottom-Up-Commitment. Ziel muss es daher sein, ein Bewusstsein innerhalb der Hochschule zu schaffen, dass Kennzahlen zur Nachhaltigkeit existieren und entsprechende Daten von einer zentralen Stelle benötigt werden (Stichwort: KPIs) sowie entsprechende Zulieferungen aus allen Bereichen der Institution dafür notwendig sind. Besonders relevant erscheint ein sogenanntes SDG-Mapping, bei dem in allen Bereichen der Hochschule die Aktivitäten den Nachhaltigkeitszielen zugeordnet werden. Aber auch sonstige messbare Faktoren wie CO_2-Reduktion, Frauenanteil, Modulinhalte in der Lehre sind einzubeziehen. Eine eventuelle Silo-Arbeitsweise muss abgestellt werden.

Stufe 4: Einfach machen – Probebericht erstellen – Peer-Learning nutzen

Auch wenn die Verpflichtung zur Berichterstellung möglicherweise nicht gegeben ist, braucht es für die eigenen Erkenntnisse ein gesammeltes Werk, in dem alle Daten überblicksartig zusammengeführt werden. Statt also abzuwarten, könnte ein erster Probebericht, der sich an den Empfehlungen der Hochschullandschaft (z. B. Hochschul-DNK oder GRI-Standard mit Anpassungen) orientiert, Gewissheit bringen, an welchen Stellen im Vergleich zu anderen Berichten noch Potenziale bestehen. Zugleich kann ein solches Dokument gegenüber verschiedenen Stakeholdern auch als Arbeitsnachweis und Rechtfertigung für zeitdauernde Aktivitäten dienen. Insgesamt sollte der Austausch mit anderen Fachhochschulen gesucht werden, um Ressourcen zu schonen und zugleich eigenes Know-How aufzubauen. Die ersten Grenzen innerhalb der Organisation werden nun sichtbar (z. B. mangelnde Unterstützung durch andere Abteilungen, kollegiale Diskussionen oder fehlende Datenpunkte). Dann gilt es, die Vielfalt der Ansichten auszuhalten, aber nicht auf alle Befindlichkeiten im Sinne der Oberziele Rücksicht zu nehmen.

Stufe 5: Nachsteuerung und schrittweise Automatisierung

Das Sammeln der Informationen läuft in vielen Fällen händisch und lückenhaft ab. Es empfiehlt sich daher, ein Datensystem mit Datenpunkten zum Überblick zu entwickeln und die verantwortlichen Zuliefereinheiten zu visualisieren (Dashboard-Charakter). Dabei sollten auch die Fortschritte erkennbar werden (Stichworte: Continous Tracking/Monitoring).

Für eine qualitative Berichterstattung braucht es langfristig eine Anbindung an sonstige (IT)-Systeme innerhalb der Hochschule, um durch Automatisierung und Vernetzung einerseits Entlastung zu erreichen, aber andererseits auch menschliche

Fehlerquellen zu minimieren. Allerdings sollte dies als Weg der kleinen Schritte betrachtet werden, denn schnelle Erfolge sind oft unrealistisch.

Stufe 6: Interne Beteiligung und externe Kommunikation fördern

Um die Wahrnehmung unter den KollegInnen zu fördern und ggf. auch deren intrinsische Motivation am Thema zu triggern (Stichworte: Identifikation und Schneeball-Effekt[1]), bieten sich u. a. Workshops, Ideenwettbewerbe oder Infokampagnen an. Dabei empfiehlt es sich, auf niedrigschwellige Angebote zu setzen, z. B. Plakate im Eingangsbereich, Lesezonen mit Nachhaltigkeitsliteratur, Gamification etc.

Doch auch nach außen können die ersten Arbeitsergebnisse kommuniziert werden. Dies geht von Blogeinträgen, Artikeln auf der Hochschulwebsite/ -publikationen, wissenschaftlichen Fachbeiträgen bis zu einem ersten (freiwilligen) Nachhaltigkeitsbericht.

Stufe 7: Institutionalisierung

Die eigene Tätigkeit wird Teil des Gesamtwirkens der Organisation. Sie helfen der Hochschule beim Marketing (Stichworte: Profilbildung / Unique Selling Point), bei der Studierendengewinnung und ggf. Drittmittelakquise. Gleichzeitig wird die Hochschule so vorbereitet auf drohende gesetzliche Verpflichtungen oder eventuelle Verknüpfungen zur Finanzierung und (Re-)Akkrediterung. Durch etablierte Prozesse und Strukturen können Anpassungen an veränderte Berichtsformate und -inhalte einfacher erreicht werden. Kurz gesagt: die Hochschule ist gut vorbereitet.

[1] Darunter versteht man eine exponentielle Kettenreaktion, die durch eine Aktion ausgelöst wird, weit stärker noch als ein Domino-Effekt.

Conclusio 6

Dieses die Ausarbeitung abschließende Kapitel bündelt den gewonnenen Erkenntnisgewinn und bietet Raum für eine kritische Reflexion der zentralen Ergebnisse. Neben der Zusammenfassung wesentlicher Befunde werden auch die Limitationen der gewählten Vorgehensweise offengelegt, um die Aussagekraft und Einordnung der Ergebnisse transparent zu machen. Abschließend wird ein Ausblick auf mögliche Weiterentwicklungen und Forschungsbedarfe gegeben, die sich aus der Analyse ergeben und zur Vertiefung des behandelten Themenfeldes beitragen können.

6.1 Zusammenfassung und Fazit

Die vorliegende Ausarbeitung hatte das Ziel, den Stand und die Entwicklungsmöglichkeiten der Nachhaltigkeitsberichterstattung an staatlichen Fachhochschulen in Deutschland und Österreich zu analysieren. Der Fokus lag darauf, den rechtlichen Rahmen, die gelebte Praxis sowie mögliche politische Fördermaßnahmen zu untersuchen und daraus fundierte Handlungsempfehlungen abzuleiten. Der Aufbau folgte einem klassischen wissenschaftlichen Raster aus Einleitung, Theorieteil, empirischer Untersuchung, Schlussfolgerungen und praxisorientierten Empfehlungen.

Ausgehend von einer problemorientierten Einleitung wurde im theoretischen Teil zunächst ein Überblick zu staatlichen Fachhochschulen und deren typischen Rechtsformen gegeben. Es folgten Informationen zum rechtlichen und normativen Rahmen der Nachhaltigkeitsberichterstattung auf europäischer und nationaler Ebene. Zusammenfassend ergab sich, dass es zum Erhebungszeitpunkt keine

D. S. Schaebs, *Nachhaltigkeitsberichterstattung an staatlichen Hochschulen*, BestMasters, https://doi.org/10.1007/978-3-658-49951-8_6

einheitlichen verpflichtenden gesetzlichen Regelungen für alle Fachhochschulen gab. Zwar existierte mit der CSRD-Richtlinie ein bedeutender Impulsgeber auf europäischer Ebene, doch waren die nationalen Umsetzungsgesetze sowohl in Deutschland als auch in Österreich noch nicht vorhanden. Zudem war die sogenannte Omnibus-Initiative der EU noch nicht abschließend aus gestaltet, was zusätzliche rechtliche Unklarheit mit sich brachte. Und schließlich konnte das Thema Nachhaltigkeit begrifflich und inhaltlich in einen Hochschulkontext eingeordnet werden.

Mithilfe des qualitativen, explorativen Forschungsdesigns konnte aufgezeigt werden, dass sich viele Fachhochschulen aktuell in einem lernenden, suchenden Prozess befinden. Die Berichterstattung erfolgt dabei häufig freiwillig, motiviert durch institutionelle Eigeninitiative, Förderprogramme, Rankings oder gesellschaftliche Erwartungen. Während einige Hochschulen bereits systematisch mit etablierten Standards wie dem Deutschen Nachhaltigkeitskodex (DNK) bzw. Hochschul-DNK arbeiten, stehen andere noch ganz am Anfang. Herausforderungen bestehen vor allem in begrenzten personellen und finanziellen Ressourcen, fehlender Dateninfrastruktur sowie in der mangelnden institutionellen Verankerung von Nachhaltigkeitsthemen. Dennoch wird der Nutzen von Nachhaltigkeitsberichten sowohl intern zur Steuerung und Sensibilisierung als auch extern zur Imagebildung als hoch eingeschätzt.

Aus den Erkenntnissen ließen sich schließlich eine Reihe konkreter Vorschläge ableiten. Zentrale normative Maßnahmen sind etwa die gesetzliche Verankerung der Berichtspflicht im Handels- bzw. Unternehmensgesetzbuch innerhalb der Hochschulgesetze sowie die Verknüpfung oder Bereitstellung gezielter Fördermittel. Darüber hinaus wurde empfohlen, Nachhaltigkeitsberichterstattung an strategische Steuerungsinstrumente wie Zielvereinbarungen oder Leistungsfinanzierung zu koppeln. Für Hochschulen wurde ein Reifegradmodell vorgestellt, dessen Befolgung zu einer Professionalisierung und effektiven Vorbereitung auf eine potenzielle Berichtspflicht führt.

Als Fazit zeigt die Untersuchung, dass die Nachhaltigkeitsberichterstattung an staatlichen Fachhochschulen ein dynamisches, bislang wenig reguliertes Feld ist, das sich jedoch unter dem Einfluss europäischer Initiativen und nationaler Erwartungen zunehmend in Richtung Verpflichtung und Systematisierung entwickelt. Die gewonnenen Erkenntnisse liefern sowohl einen Beitrag zur hochschulpolitischen Diskussion als auch praxisnahe Impulse für die zukünftige Ausgestaltung von Berichtsprozessen und rechtlichen Rahmenbedingungen.

6.2 Limitationen

Die durchgeführte qualitative Untersuchung stützt sich lediglich auf sieben leitfadengestützte ExpertInnen-Interviews, die im Zeitraum April bis Mai 2025 durchgeführt wurden. Trotz des Erkenntnisgewinns, der durch die subjektiven Perspektiven und das Erfahrungswissen der interviewten ExpertInnen generiert werden konnte, sind mit dem Forschungsdesign und dem Untersuchungszeitpunkt einige Einschränkungen verbunden.

Zunächst ist die begrenzte Fallzahl von sieben Interviews als wesentliche methodische Einschränkung zu nennen. Zwar konnte durch eine gezielte Auswahl von ExpertInnen aus beiden Ländern ein erster Einblick in die unterschiedlichen institutionellen und regulatorischen Kontexte gewonnen werden, die Aussagekraft bleibt jedoch auf einen explorativen Rahmen beschränkt. Eine systematische Repräsentativität für die Gesamtheit staatlicher Fachhochschulen in Deutschland und Österreich kann damit nicht beansprucht werden. Auch die länderspezifische Verteilung (3 Interviews aus Deutschland, 4 aus Österreich) begrenzt die Vergleichbarkeit beider nationaler Kontexte, weil die Daten zusammenfassend einbezogen wurden.

Nicht zuletzt ist auf die inhärente Subjektivität qualitativer Interviews hinzuweisen. Die Einschätzungen der Befragten reflektieren individuelle Erfahrungen, institutionelle Besonderheiten sowie persönliche Bewertungen. Auch wenn versucht wurde, durch eine leitfadengestützte Gesprächsführung eine gewisse Vergleichbarkeit herzustellen, bleibt die Analyse interpretativ und damit abhängig von der Perspektive des Forschenden.

Zudem ist der zeitliche Erhebungszeitpunkt ein limitierender Faktor für die Interpretation der Ergebnisse. Die Interviews wurden zu einem Zeitpunkt geführt, an dem sich die rechtlichen Rahmenbedingungen im Wandel befanden: Die Corporate Sustainability Reporting Directive (CSRD) war längst beschlossen, jedoch noch nicht in nationales Recht überführt worden, weder in Deutschland noch in Österreich. Auch die ebenfalls bedeutende Omnibus-Initiative der EU, die möglicherweise weitreichendere Veränderungen bringt, lag zum Zeitpunkt der Forschung nicht in der finalen Ausgestaltung vor. Somit waren keine nationalen Umsetzungsgesetze verfügbar, die eine valide und belastbare Einschätzung der rechtlich verbindlichen Berichtspflichten für staatliche Hochschulen ermöglicht hätten. Die Aussagen der ExpertInnen basieren daher teilweise auf Prognosen, Einschätzungen oder Erwartungen, was den normativen Gehalt der Ergebnisse beeinflusst.

Ein weiterer kontextueller Begrenzungsrahmen ergibt sich aus der heterogenen Rechtslage in beiden Ländern: Während in Deutschland einzelne Landeshochschulgesetze bereits erste Berichtspflichten für Hochschulen enthielten, waren diese nicht flächendeckend etabliert. In Österreich hingegen war das Unternehmensgesetzbuch (UGB) lediglich für große kapitalgesellschaftsähnlich organisierte Hochschulen von Bedeutung, was die Anwendbarkeit der dortigen Berichtspflichten für kleinere Hochschulen einschränkt. Auch dies erschwert eine länderübergreifende Vergleichbarkeit.

Insgesamt stellen diese Limitationen keine grundsätzliche Schwäche dar, sondern sind dem explorativen Charakter der Untersuchung und der dynamischen Entwicklung des Untersuchungsgegenstandes geschuldet. Dennoch sind sie bei der Einordnung der Ergebnisse und bei der Ableitung weiterführender Empfehlungen zu berücksichtigen.

6.3 Ausblick und Anknüpfungspunkte für weitere Forschung

Es ist zu vermuten, dass die öffentliche Finanzierung und gesellschaftliche Verantwortung von Hochschulen dazu führen, dass sie in bestimmten Bereichen zunehmend wie Unternehmen behandelt werden, mithin auch ihre Nachhaltigkeitsberichterstattung. Zwar stehen Hochschulen bislang nicht ausdrücklich im Zentrum der CSRD, aber im Zuge einer stärkeren Harmonisierung innerhalb der EU könnte es gleichfalls zu verbindlicheren Regelungen für öffentliche Einrichtungen kommen und damit zu einer Ausweitung bestehender Berichtspflichten auf staatliche Hochschulen.

Zugleich zeichnet sich aus der Empirie schon ab, dass die Integration von Nachhaltigkeitszielen bei Mittelvergabe- oder Evaluationsprozessen zunehmen wird. Es könnte deshalb zukünftig sicherlich noch mehr darauf ankommen, ob sich Hochschulen frühzeitig vorbereiten, erste Berichte erstellen, interne Zuständigkeiten klären und IT-Infrastrukturen aufbauen. Der Wandel von der freiwilligen zur strategischen, rechtskonformen Nachhaltigkeitsberichterstattung ist nur eine Frage der Zeit.

Wie die Untersuchung gezeigt hat, existieren bereits adaptierte Strategien zur Förderung von Nachhaltigkeitsberichterstattung an Hochschulen (z. B.

Hochschul-DNK). Die gesetzliche Verankerung der Berichtspflicht in Landeshochschulgesetzen in Deutschland bzw. im Fachhochschulgesetz auf Bundesebene in Österreich könnte ein nächster Schritt sein, den der jeweilige Normengeber angesichts weiterer Umwelt- und Klimaschutzbemühungen zu ergreifen hat.

In diesem Kontext bewegt sich der Auftrag an die Wissenschaft. Einerseits könnten zukünftige Forschungen weitere EU-Länder angesichts des Geltungsbereiches der CSRD in eine detailliertere Betrachtung des Status quo einbeziehen. Andererseits müssten die Ergebnisse der Omnibus-Initiative sowie die Umsetzungsgesetze in den Mitgliedsstaaten abgewartet werden, um anschließend eine Folgeuntersuchung unter tatsächlichen rechtlichen Zwängen zur Berichterstattung durchführen zu können. Dabei ginge es um eine Beforschung der Implementierung einer effektiven Berichterstattung und Eruierung entsprechender Erfolgsfaktoren. Für weitere wissenschaftliche Analysen wäre ferner interessant, inwieweit sich die Hochschulgovernance, bestehende Ressourcen und Zielvereinbarungen anpassen werden, aber auch, welche Indikatoren (KPIs) und Datenpunkte die Nachhaltigkeit an Hochschulen valide erfassen können.

Literaturverzeichnis

Adams, C. A. (2013). Sustainability reporting and performance management in universities: challenges and benefits. Sustainability Accounting, Management and Policy Journal, 4 (3), 384–392.

Albrecht, P. (2006). Nachhaltigkeitsberichterstattung an Hochschulen. Diskussion möglicher Ansatzpunkte und ihrer Konsequenzen für die Praxis. Universität Lüneburg. https://www.leuphana.de/fileadmin/user_upload/Forschungseinrichtungen/infu/files/infu-reihe/33_06.pdf, abgerufen am 18.06.2025.

Alonso-Almeida, M.M., Marimon, F., Casani, F. & Rodriguez-Pomeda, J. (2015). Diffusion of sustainability reporting in universities: current situation and future perspectives, Journal of Cleaner Production, 106, 144–154.

Auer, C., Borcherding, N. & Möller, V. (2022). Zum Hintergrund des Nachhaltigkeitsmanagements. In: Freiberg, J., Bruckner, A. (Hrsg.): Corporate Sustainability – Kompass für die Nachhaltigkeitsberichterstattung. Freiburg: Haufe-Lexware GmbH & Co. KG.

Bannier, C. (2023). Nachhaltigkeitsberichterstattung – Aktuelle Herausforderungen und Chancen für Großunternehmen und Mittelständler. In: Zwick, Y., Jeromin, K. (Hrsg.): Mit Sustainable Finance die Transformation dynamisieren. Wie Finanzwirtschaft nachhaltiges Wirtschaften ermöglicht. Hamburg: Springer Verlag. https://doi.org/10.1007/978-3-658-38044-1, abgerufen 05.06.2025.

Bassen, A., Sassen, R., de Haan, G., Klußmann, C., Niemann, A. & Gansel, E. (2018). Anwendung des hochschulspezifischen Nachhaltigkeitskodex – Ein Weg zur Nachhaltigkeitsberichterstattung an Hochschulen (Betaversion). BMBF-Projekt „Nachhaltigkeit an Hochschulen: entwickeln – vernetzen – berichten (HOCHN)“. https://www.hochn.uni-hamburg.de/-downloads/handlungsfelder/nhb/hoch-n-leitfaden-nachhaltigkeitsberichter stattung-an-hochschulen.pdf, abgerufen am 17.06.2025.

Bauer, M.; Rieckmann, M.; Niedlich, S. & Bormann, I (2024). Nachhaltigkeitsgovernance an Hochschulen. In: Rieckmann, M.; Giesenbauer, B.; Potthast, T. & Schmitt, C. T. (Hrsg.). Nachhaltige Entwicklung von Hochschulen. Erkenntnisse und Perspektiven zur gesamtinstitutionellen Transformation. Opladen/Berlin/Toronto: Verlag Barbara Budrich.

Baumüller, J. (2018). Ziele und Inhalte der nichtfinanziellen Berichterstattung. In: DJA, Heft 34, S. 94–98.

Baumüller, J. (2018a). Zum Anwendungsbereich der nichtfinanziellen Berichterstattung. SWK-Heft 9. 461–466.

D. S. Schaebs, *Nachhaltigkeitsberichterstattung an staatlichen Hochschulen*, BestMasters, https://doi.org/10.1007/978-3-658-49951-8

Baumüller, J. (2020). Nichtfinanzielle Berichterstattung. Wien: Verlag Österreich.

Baumüller, J. (2020a). Erweiterung der nichtfinanziellen Berichtspflichten durch die Taxonomieverordnung. BÖB Journal, Heft 83, S. 62–65.

Baumüller, J. (2022). Controlling und Rechnungswesen in NPOs. In: Meyer, M., Simsa, R. & Badelt, C. (Hrsg.): Handbuch der Nonprofit-Organisation Strukturen und Management. 6. Auflage. Stuttgart: Verlag Schäffer-Poeschel, S. 333–358.

Baumüller, J. & Scheid, O. (2021). Der Entwurf zur Corporate Sustainability Reporting Directive (CSRD). In: Praxis der Internationalen Rechnungslegung. Heft 17, S. 202–210.

Berger-Grabner, D. (2016). Wissenschaftliches Arbeiten in den Wirtschafts- und Sozialwissenschaften. Hilfreiche Tipps und praktische Beispiele, Springer, 3. Auflage, Wiesbaden: Springer Gabler.

Berger-Grabner, D. (2022). Wissenschaftliches Arbeiten in den Wirtschafts- und Sozialwissenschaften. Hilfreiche Tipps und praktische Beispiele. 4. überarbeitete und erweiterte Auflage. Wiesbaden: Springer Fachmedien.

Bernard-Rau, B. & Schnerring, G. (2022). Gabler Kompakt-Lexikon Corporate Social Responsibility Schlüsselbegriffe einer nachhaltigen Wirtschaft in Deutsch und Englisch. Wiesbaden: Verlag Springer Gabler.

Bertelsmann Stiftung (2024). Sustainability Transformation Monitor 2024. https://www.bertelsmann-stiftung.de/fileadmin/files/PicturePark/2024-02/W_Studie_Sustainability_Transformation_Monitor_2024.pdf, abgerufen am 14.06.2025.

BKA (2025). Bundeskanzleramt. Liste der Fachhochschulen in Österreich. https://www.oesterreich.gv.at/themen/bildung_und_ausbildung/hochschulen/fachhochschulen/Seite.810400.html#:~:text=Derzeit%20gibt%20es%20in%20%C3%96sterreich%2021%20Fachhochschulen, abgerufen am 16.06.2025.

BMFTR (2025). Bundesministerium für Forschung, Technologie und Raumfahrt. Innovative Hochschule. https://www.innovative-hochschule.de/ihs/de/home/home_node.html, abgerufen am 16.06.2025.

BMJ (2025). Bundesministerium Justiz. Richtlinie über die Nachhaltigkeitsberichterstattung von Unternehmen (CSRD, Corporate Sustainability Reporting Directive; Omnibus-Richtlinie. https://www.bmj.gv.at/themen/Zivilrecht/Richtlinie-über-die-Nachhaltigkeitsberichterstattung-von-Unternehmen-(CSRD,-Corporate-Sustainability-Reporting-Directive).html, abgerufen am 17.06.2025.

BMLV (2024). Bundesministerium für Landesverteidigung. https://www.militaerwissenschaften.ac.at/erhalter, abgerufen am 18.06.2025.

BMZE (2025). Nachhaltigkeit (nachhaltige Entwicklung). https://www.bmz.de/de/service/lexikon/nachhaltigkeit-nachhaltige-entwicklung-14700, abgerufen am 18.06.2025.

Bogner, A., Littig, B. & Menz, W. (2014). Interviews mit Experten: Eine praxisorientierte Einführung. Wiesbaden: Springer VS.

Borgwardt, A. (2024). Nachhaltigkeit an Hochschulen. Eine Stunde für die Wissenschaft. Friedrich Ebert Stiftung. Paper No. 12. https://library.fes.de/pdf-files/a-p-b/21019.pdf, abgerufen am 14.06.2025.

Bortz, J. & Döring, N. (2016). Forschungsmethoden und Evaluation: Für Human- und Sozialwissenschaftler. 5. Auflage. Heidelberg: Springer-Verlag.

Braun, S. & Senger, E. (2022). Nachhaltigkeitsreporting 4.0. In: Schwager, B. (Hrsg.): CSR und Nachhaltigkeitsstandards. Normung und Standards im Nachhaltigkeitskontext. Heidelberg: Springer Verlag. https://doi.org/10.1007/978-3-662-64913-8, abgerufen am 05.06.2025.

Ceulemans, K., Molderez, I. & Van Liedekerke, L. (2015). Sustainability reporting in higher education: a comprehensive review of the recent literature and paths for further research, Journal of Cleaner Production. 106. 127–143.

CHE (2025). Centrum für Hochschulentwicklung. Third Mission der Hochschulen. https://www.che.de/third-mission/, abgerufen am 18.06.2025.

Dang, H.-A. & Serajuddin, U. (2019). Tracking the Sustainable Development Goals: Emerging Measurement Challenges and Further Reflections. World Bank Policy Research Working Paper. No. 8843.

Dathe, T., Dathe, R., Dathe, I. & Helmold, M. (2022). Corporate Social Responsibility (CSR) Sustainability and Environmental Social Governance (ESG): Approaches to Ethical Management. Switzerland: Springer International Publishing AG. https://doi.org/10.1007/978-3-030-92357-0, abgerufen am 05.06.2025.

Daub, C.-H. (2007). Assessing the quality of sustainability reporting. An alternative methodological approach. Journal of Cleaner Production. 15, 75–85.

Del Sordo, C., Farneti, F., Guthrie, J., Pazzi, S. & Siboni, B. (2016). Social reports in Italian universities: disclosures and preparers' perspective. Meditari Accountancy Research. 24 (1). 91–110.

Delakowitz, B.; Bobek, U.; Kluttig, A. & Müller, J. (2024). Nachhaltigkeit im Hochschulbetrieb – Wie kann das gelingen? In: Rieckmann, M.; Giesenbauer, B.; Potthast, T. & Schmitt, C. T. (Hrsg.). Nachhaltige Entwicklung von Hochschulen. Erkenntnisse und Perspektiven zur gesamtinstitutionellen Transformation. Opladen/Berlin/Toronto: Verlag Barbara Budrich.

Diekmann, A. (2017). Empirische Sozialforschung: Grundlagen, Methoden, Anwendungen. 13. Auflage, Reinbek bei Hamburg: Rowohlt Verlag.

Dienes, D., Sassen, R. & Fischer, J. (2016). What are the drivers of sustainability reporting? A systematic review. Sustainability Accounting, Management and Policy Journal (SAMPJ). 7 (2). 154–189.

Döring, N., Bortz, J. (2016). Forschungsmethoden und Evaluation in den Sozial- und Humanwissenschaften. 5. Auflage. Heidelberg: Springer Verlag.

Dresing, T., & Pehl, T. (2020). Transkription. Implikationen, Auswahlkriterien und Systeme für psychologische Studien. In: Mey, G. & Mruck, K. (Hrsg.). Handbuch Qualitative Forschung in der Psychologie. Band 2. Designs und Verfahren. 2. Auflage. Wiesbaden: Springer Verlag.

Dresing, T. & Pehl, T. (2023). Praxisbuch Interview, Transkription & Analyse: Anleitungen und Regelsysteme für qualitativ Forschende. 9. Auflage. Marburg: Eigenverlag.

EFRAG (2024). EFRAG Voluntary Sustainability Reporting Standard for non-listed SMEs (VSME). https://www.efrag.org/sites/default/files/sites/webpublishing/SiteAssets/VSME%20Standard.pdf, abgerufen am 24.06.2025.

EU-Kommission (2024). EU-Kommission eröffnet zwei Vertragsverletzungsverfahren gegen Deutschland. https://germany.representation.ec.europa.eu/news/eu-kommission-eroffnet-zwei-vertragsverletzungsverfahren-gegen-deutschland-2024-09-26_de, abgerufen am 17.06.2025.

EY (2024). Nachhaltigkeit bei Großunternehmen in Österreich: Studie. https://www.ey.com/de_at/insights/sustainability/nachhaltigkeit-grossunternehmen-oesterreich#:~:text=94%20%25%20der%20Unternehmen%20m%C3%BCssen%20nachhaltige,setzen%20mittlerweile%20auf%20eigene%20Nachhaltigkeitsabteilungen, abgerufen am 14.06.2025.

Fischer, D., Jenssen, S. & Tappeser, V. (2015). Getting an empirical hold of the sustainable university: a comparative analysis of evaluation frameworks across 12 contemporary sustainability assessment tools. Assessment and Evaluation in Higher Education. 40 (6). 785–800.

Flick, U. (2020). Qualitative Sozialforschung: Eine Einführung. 9. Auflage. Reinbek bei Hamburg: Rowohlt Verlag.

Flick, U. (2022). Vortest. In: Baur, N. & Blasius, J. (Hrsg.). Handbuch Methoden der empirischen Sozialforschung. 3. vollständig überarbeitete und erweiterte Auflage. Wiesbaden: Springer VS.

Fuß, S. & Karbach, U. (2019). Grundlagen der Transkription. Eine praktische Einführung, 2. Auflage. Stuttgart/Opladen/Toronto: UTB Verlag.

Future Institute (2024). Nachhaltigkeit auf dem Weg zur Wirtschaftlichkeit. https://www.bain.com/globalassets/german-blocks/studie_nachhaltigkeit_2024_bain-future_vf.pdf, abgerufen am 14.06.2025.

Giesenbauer, B. & Schmitt, C. T. (2024). Vernetzung zu Nachhaltiger Entwicklung an Hochschulen: Hoch N als Netzwerk und Kollaborationsplattform. In: Rieckmann, M.; Giesenbauer, B.; Potthast, T. & Schmitt, C. T. (Hrsg.). Nachhaltige Entwicklung von Hochschulen. Erkenntnisse und Perspektiven zur gesamtinstitutionellen Transformation. Opladen/Berlin/Toronto: Verlag Barbara Budrich.

Gläser, J. & Laudel, G. (2010). Experteninterviews und qualitative Inhaltsanalyse. 4. Auflage. Wiesbaden: VS Verlag.

GRI (2023). Global Reporting Initiative (GRI). Sustainability Reporting Standards. https://www.globalreporting.org/, abgerufen 06.05.2025.

Häder, M. (2015). Empirische Sozialforschung. Eine Einführung. 3. Auflage. Wiesbaden: Springer.

Häder, M. (2019). Empirische Sozialforschung. Eine Einführung. 4. Auflage. Wiesbaden: Springer VS.

Hinrichs, B. (2023). Nachhaltigkeit als Unternehmensstrategie: Roadmap für unternehmerische Nachhaltigkeit & Innovation. 2. Auflage. Freiburg: Haufe Verlag.

Herzig, C. & Schaltegger, S. (2006). Corporate Sustainability Reporting. An Overview. In: Schaltegger, S., Bennett, M. & Burritt, R. L. (Hrsg.). Sustainability Accounting and Reporting Journal. 301–324.

Holst, J. & von Seggern, J. (2020). Bildung für nachhaltige Entwicklung (BNE) an Hochschulen. Strukturelle Verankerung in Gesetzen, Zielvereinbarungen und Dokumenten der Selbstverwaltung. Freie Universität Berlin. https://www.bne-portal.de/bne/shareddocs/downloads/files/2020_bne_dokumentenanalyse_hochschule.pdf?__blob=publicationFile&v=2, abgerufen am 19.06.2025.

Holzbauer, U. (2020). Nachhaltige Entwicklung. Der Weg in eine lebenswerte Zukunft. Baden: Springer Verlag.

HRK (2023). Hochschulrektorenkonferenz. Statistiken zur Hochschulpolitik 2/2023. https://www.hrk.de/fileadmin/redaktion/hrk/02-Dokumente/02-05-Forschung/Promotion/HRK_Umfrage_Promotion_HAW_FH_PJ_2018_2022_final.pdf, abgerufen am 16.06.2025.

HRK (2024). Hochschulrektorenkonferenz. Hochschulen in Zahlen 2024. https://www.hrk.de/fileadmin/redaktion/hrk/02-Dokumente/02-06-Hochschulsystem/Statistik/2024-08-28_HRK-Statistikfaltblatt-2024.pdf, abgerufen am 16.06.2025.

Huber, S. & Bassen, A. (2018). Towards a sustainability reporting guideline in higher education. International Journal of Sustainability in Higher Education. 19 (2). 218–232. https://doi.org/10.1108/IJSHE-06-2016-0108.

Hundhausen, M. (2023). CSRD: Europa in der Bürokratiekrise. Europäische Zeitschrift für Wirtschaftsrecht. Heft 20/2023.

Isenmann, R., Sassen, R. & Zinn, S. (2015). Digitalisierung und IKT in der Nachhaltigkeitsberichterstattung von Hochschulen in Deutschland – terra incognita? In: Cunningham, D., Hofstedt, P., Meer, K. & Schmitt, I. (Hrsg.), Lecture Notes in Informatics (LNI). Gesellschaft für Informatik. 469–482.

IZT (2018). Institut für Zukunftsstudien und Technologiebewertung. Effizienz, Konsistenz, Suffizienz. Strategieanalytische Betrachtung für eine Green Economy. https://www.izt.de/media/2022/10/IZT_Text_1-2018_EKS.pdf, abgerufen am 17.06.2025.

Jonker, J., Stark, W. & Tewes, S. (2011). Corporate Social Responsibility und nachhaltige Entwicklung – Einführung, Strategie und Glossar. Berlin/Heidelberg: Verlag Springer.

Kamal, A. & Asmuss, M. (2013). Benchmarking tools for assessing and tracking sustainability in higher educational institutions. International Journal of Sustainability in Higher Education. 14 (4), 449–465.

Kaiser, R. (2014). Qualitative Experteninterviews. Konzeptionelle Grundlagen und praktische Durchführung. Wiesbaden: Springer VS.

Kirchmair, R. (2022). Qualitative Forschungsmethoden. Anwendungsorientiert: vom Insider aus der Marktforschung lernen. Berlin: Springer.

Kirst, E.; Schroth, T. & Meyer, S. (2024). Nachhaltigkeitsorientierung in der Forschung als hochschulumfassende Aufgabe. In: Rieckmann, M.; Giesenbauer, B.; Potthast, T. & Schmitt, C. T. (Hrsg.). Nachhaltige Entwicklung von Hochschulen. Erkenntnisse und Perspektiven zur gesamtinstitutionellen Transformation. Opladen/Berlin/Toronto: Verlag Barbara Budrich.

Koß, S. (2013). Social Media für Freiberufler und Kleinunternehmer. Weinheim: WILEY-VCH Verlag GmbH & Co. KGaA.

KMK (2010). Kultusministerkonferenz. Strukturvorgaben für Bachelor- und Masterstudiengänge.https://www.kmk.org/fileadmin/veroeffentlichungen_beschluesse/2003/2003_10_10-Laendergemeinsame-Strukturvorgaben.pdf, abgerufen am 16.06.2025.

KPMG (2024). To move to mandatory reporting. Survey of Sustainability Reporting 2024. https://assets.kpmg.com/content/dam/kpmgsites/xx/pdf/2024/11/the-move-to-mandatory-reporting-web-copy.pdf.coredownload.inline.pdf, abgerufen am 14.06.2025.

Kuckartz, U. (2016). Qualitative Inhaltsanalyse: Methoden, Praxis, Computerunterstützung. 3. Auflage. Weinheim: Beltz Juventa.

Kuckartz, U. (2018). Qualitative Inhaltsanalyse: Methoden, Praxis, Computerunterstützung. 4. Auflage. Weinheim: Beltz Juventa.

Kuckartz, U. & Rädiker, S. (2020). Fokussierte Interviewanalyse mit MAXQDA. Schritt für Schritt. Wiesbaden: Springer Verlag.

Lanfermann, G., Schwedler, K. & Schmotz, T. (2021): Nachhaltigkeitsberichtsstandards im Fokus der EU-Gesetzgebung. WPg 2021. Heft 12. S. 762–768.

Lanfermann, G. (2023). Corporate Governance und Nachhaltigkeitsberichterstattung. In: Zwick, Y. & Jeromin, K. (Hrsg.): Mit Sustainable Finance die Transformation dynamisieren. Wie Finanzwirtschaft nachhaltiges Wirtschaften ermöglicht. Hamburg: Springer Verlag.

Lautermann, C. & Pfriem, R. (2021). Nachhaltigkeitsberichterstattung. In: Aßländer, M. (Hrsg.). Handbuch Wirtschaftsethik, 2. aktualisierte Auflage. Zittau: Springer Verlag.

Lauth, H., Pickel, G. & Pickel, S. (2009). Methoden der vergleichenden Politikwissenschaft – Eine Einführung. Wiesbaden: VS Verlag für Sozialwissenschaften.

Lozano, R. (2006). A tool for a graphical assessment of sustainability in universities (GASU). Journal of Cleaner Production. 14 (9/11). 963–972.

Lozano, R., Ceulemans, K., Alonso-Almeida, M., Huisingh, D., Lozano, F. J., Waas, T., Lambrechts, W., Lukman, R. & Hugé, J. (2015). A review of commitment and implementation of sustainable development in higher education: results from a worldwide survey. Journal of Cleaner Production. Volume 108. Part A.

Lozano, R., Llobet, J. & Tideswell, G. (2013). The process of assessing and reporting sustainability at universities: preparing the report of the university of Leeds. Revista Internacional de Sostenibilidad. Tecnología y Humanismo. 8. 85–113.

Lozano, R. & Young, W. (2013). Assessing sustainability in university curricula: exploring the influence of student numbers and course credits. Journal of Cleaner Production. 49. 134–141.

Magers, J., Krause-Wichmann, L. & Eschenfelder, C. (2022). Sustainable Corporate Governance. Aktienrechtliche Grundlagen einer nachhaltigen Unternehmensführung. Wiesbaden: Springer Gabler.

Mayring, P. (2002). Einführung in die qualitative Sozialforschung. Eine Anleitung zu qualitativem Denken. 5. Auflage. Weinheim/Basel: Verlagsgruppe Beltz.

Mayring, P. (2015). Qualitative Inhaltsanalyse: Grundlagen und Techniken. 12. Auflage. Weinheim/Basel: Verlagsgruppe Beltz.

Mayring, P. (2016). Einführung in die qualitative Sozialforschung – Eine Anleitung zu qualitativem Denken. 6. Auflage. Weinheim/Basel: Verlagsgruppe Beltz.

Mayring, P. (2022). Qualitative Inhaltsanalyse. Grundlagen und Techniken. 13. überarbeitete Auflage. Weinheim/Basel: Verlagsgruppe Beltz.

Mayring, P. (2023). Einführung in die qualitative Sozialforschung – Eine Anleitung zu qualitativem Denken. 7. überarbeitete Auflage. Weinheim/Basel: Verlagsgruppe Beltz.

Meuser, M. & Nagel, U. (2009). ExpertInneninterviews – vielfach erprobt, wenig bedacht. Ein Beitrag zur qualitativen Methodendiskussion. In: Bogner, A.; Littig, B. & Menz, W. (Hrsg.). Experteninterviews. 2. Auflage. S. 465–480. Wiesbaden: Verlag für Sozialwissenschaften.

Mey, G., & Mruck, K. (2020). Handbuch Qualitative Forschung in der Psychologie. Band 2. Designs und Verfahren. 2. Auflage. Wiesbaden: Springer.

Meyen, M., Löblich, M., Pfaff-Rüdiger, S. & Riesmeyer, C. (2011). Qualitative Forschung in der Kommunikationswissenschaft. Eine praxisorientierte Einführung. Wiesbaden: VS Verlag für Sozialwissenschaften.

Misoch, S. (2019). Qualitative Interviews. 2. erweiterte und aktualisierte Auflage. Berlin/Boston: Walter de Gruyter.

Moudrak, N. & Clarke, A. (2012). Developing a first-time sustainability report for a higher education institution. In: Filho, W. L. (Hrsg.). Sustainable Development at Universities: New Horizons. Frankfurt: Peter Lang Scientific Publishers.

Müller, S., Baumüller, J. & Scheid, O. (2022). Berichterstattung aufgrund des Lieferkettensorgfaltspflichtengesetzes: Darstellung, Analyse und Umsetzung der neuen Berichtspflichten. In: StuB – Unternehmenssteuern und Bilanzen. 23–24. 923–928.

OECD (2015). G20/OECD Principles of Corporate Governance. Paris: OECD Publishing. https://doi.org/10.1787/9789264236882-en, abgerufen am 05.06.2025.

PwC (2024). PwC 2024 Global CSRD Survey. https://www.pwc.com/gx/en/news-room/press-releases/2024/pwc-global-csrd-survey.html, abgerufen am 14.06.2025.

PwC (2025). Insights from the first 100 CSRD reports. https://www.pwc.com/gx/en/issues/esg/sustainability-compliance-to-reinvention/corporate-sustainability-reporting-directive/initial-csrd-insights.html, abgerufen am 14.06.2025.

Quast, C. (2021). Was sind Experten? Eine begriffliche Grundlegung. Frankfurt am Main: Campus Verlag.

Ralph, M. & Stubbs, W. (2014). Integrating environmental sustainability into universities. Higher Education. 67 (1). 71–90.

Raman, R., Nair, V. K., Shivdas, A., Bhukya, R., Viswanathan, P. K., Subramaniam, N. & Nedungadi, P. (2023). Mapping sustainability reporting research with the UN's sustainable development goals. Heliyon. Vol. 9. No. 8. https://doi.org/10.1016/j.heliyon.2023.e18510

Reichertz, J. (2016). Qualitative und interpretative Sozialforschung – Eine Einladung. Wiesbaden: Springer Verlag.

Rieckmann, M.; Giesenbauer, B.; Nölting, B; Potthast, T. & Schmitt, C. T. (2024). Nachhaltige Entwicklung von Hochschulen. Erkenntnisse und Perspektiven zur gesamtinstitutionellen Transformation. Opladen/Berlin/Toronto: Verlag Barbara Budrich.

Rodríguez Bolívar, M. P., Garde Sánchez, R. & López Hernández, A. M. (2013). Online disclosure of corporate social responsibility information in leading Anglo-American universities. Journal for Environmental Policy Planning. 15 (4). 551– 575.

Roose, I., Bassen, A., Briese, L., De Haan, G., Gansel, E., Klußmann, C., Lindemann, M., Niemann, A. & Sassen, R. (2024). Nachhaltigkeitsberichterstattung im Kontext einer gesamtinstitutionellen Nachhaltigen Entwicklung von Hochschulen. In: Rieckmann, M.; Giesenbauer, B.; Potthast, T. & Schmitt, C. T. (Hrsg.). Nachhaltige Entwicklung von Hochschulen. Erkenntnisse und Perspektiven zur gesamtinstitutionellen Transformation. Opladen/Berlin/Toronto: Verlag Barbara Budrich.

SASB (2024). Sustainability Accounting Standards Board (SASB)-Standards. https://sasb.ifrs.org, abgerufen 05.06.2025.

Sassen, R. & Azizi, L. (2018). Strategien und Prozesse der Nachhaltigkeitsberichterstattung an Hochschulen in Deutschland. Zeitschrift für Umweltpolitik und Umweltrecht. 2. 185–219.

Sassen, R., Azizi, L. & Mertins, L. (2022). What are the Motivations and Barriers to Disclosing Voluntary Sustainability Information by U.S. Universities in STARS Reports? Journal of Cleaner Production. 359. https://doi.org/10.1016/j.jclepro.2022.131912.

Sassen, R., Dienes, D. & Beth, C. (2014). Nachhaltigkeitsberichterstattung deutscher Hochschulen. Zeitschrift für Umweltpolitik & Umweltrecht (ZfU). 37. 258–277.

Schöggl, S., Miericke, A., More-Hollerweger, E., Maier, F. & Bohunovsky, L. (2024). Sozial UND ökologisch? Nachhaltigkeitsberichterstattung in Nonprofit-Organisationen: Treiber, Maßnahmen, Barrieren, Hilfestellungen. https://startclim.at/fileadmin/user_upload/StartClim2023/StCl23.F_Final.pdf, abgerufen am 05.06.2025.

Schwager, B. (2022). CSR und Nachhaltigkeitsstandards. Normung und Standards im Nachhaltigkeitskontext. Heidelberg: Springer Verlag.

Singer-Brodowski, M. & Etzkorn, N. (2017). Verankerung von Bildung für nachhaltige Entwicklung im Bildungsbereich Hochschule. In: Brock, A., De Haan, G., Etzkorn, N. & Singer-Brodowski, M. (Hrsg.). Wegmarken zur Transformation – Nationales Monitoring von Bildung für nachhaltige Entwicklung in Deutschland. Leverkusen: Verlag Barbara Budrich.

Sopp, K. & Baumüller, J. (2024). Die Bedeutung der Nachhaltigkeitsberichterstattung gemäß CSRD für Hochschulen. Hochschulmanagement (HM). 3+4 aus 2024. Bielefeld: Universitätsverlag Webler.

Sopp, K., Baumüller, J. & Scheid, O. (2023). Nachhaltigkeitsberichterstattung. Nichtfinanzielle Berichterstattung nach dem CSR-RUG, Neuerungen durch die CSRD und die ESRS. 3. aktualisierte Auflage. Herne: NWB Verlag.

Statistik Austria (2025). Hochschulstatistik. https://www.statistik.at/statistiken/bevoelkerung-und-soziales/bildung/studierende-belegte-studien, abgerufen am 16.06.2025.

Steinke, I. (1999). Gütekriterien qualitativer Forschung. In: Flick, U., Von Kardorff, E. & Steinke, I. (Hrsg.). Qualitative Forschung. Ein Handbuch. Reinbek: Rowohlt.

Steinke, I. (2022). Gütekriterien qualitativer Forschung. In: Flick, U., Kardorff, E. & Steinke, I. (Hrsg.): Qualitative Forschung. Ein Handbuch. 14. Auflage. Reinbek bei Hamburg: Rowohlt Taschenbuch Verlag.

Stifterverband (2022). Die nachhaltige Hochschule. Hochschulen als Schlüsselakteure für eine zukunftsfähige Gesellschaft. Policy Paper des Stifterverband für die deutsche Wissenschaft e.V. – Ausgabe 07. https://www.stifterverband.org/sites/default/files/die_nachhaltige_hochschule.pdf, abgerufen am 14.06.2025.

UNDP (2023). United Nations Development Programme. Sustainable Development Goals. https://www.undp.org/sustainable-development-goals, abgerufen am 05.06.2025.

Vaughter, P., Wright, T., McKenzie, M. & Lidstone, L. (2013). Greening the ivory tower: a review of educational research on sustainability in post-secondary education. Sustainability. 5 (5). 2252–2271.

Weber, K. (2025). Rechtswörterbuch. 25. Auflage. München: Beck Verlag.

Weber, S. T. & Wernitz, F. (2021). Die Inhaltsanalyse nach Mayring als Auswertungsmethode für wissenschaftliche Interviews. 6/2021. https://www.econstor.eu/bitstream/10419/235486/1/1761173804.pdf, abgerufen am 15.06.2025.

Weichbold, M. (2019). Vortest. In: Baur, N. & Blasius, J. (Hrsg.). Handbuch Methoden der empirischen Sozialforschung. 2. vollständig überarbeitete und erweiterte Auflage. Wiesbaden: Springer VS.

Wissenschaftsrat (2010). Empfehlungen zur Differenzierung des Hochschulsystems. https://www.wissenschaftsrat.de/download/archiv/10387-10.pdf?__blob=publicationFile&v=0, abgerufen am 16.06.2025.

Wissenschaftsrat (2022). Probleme und Perspektiven des Hochschulbaus 2030. Positionspapier. https://www.wissenschaftsrat.de/download/2022/9470-22.pdf?__blob=publicationFile&v=0, abgerufen am 17.06.2025.

Wunder, T. (2023). Wesentlichkeitsanalyse nach CSRD. Sowohl den Impact auf die Umwelt als auch die Geschäftsentwicklung bewerten. Zeitschrift Führung und Organisation. Vol. 92 (2). https://doi.org/10.34156/0722-7485-2023-2-113, abgerufen am 05.06.2025.

Yarime, M. & Tanaka, Y. (2012). The issues and methodologies in sustainability assessment tools for higher education institutions. A review of recent trends and future challenges. Journal of Education for Sustainable Development. 6 (1). 63–77.

Zahradnik, A. & Richter-Schöller, C. (2021). Handbuch Nachhaltigkeitsrecht. Wien: Manz Verlag.

Zorio-Grima, A., Sierra-García, L. & Garcia-Benau, M. A. (2018). Sustainability reporting experience by universities: a causal configuration approach. International Journal of Sustainability in Higher Education. 19 (2). 337–352.

Rechtsquellenverzeichnis:

Gesetze und Gesetzesentwürfe

B-VG. Bundes-Verfassungsgesetz (B-VG). idF BGBl. I Nr. 89/2024 vom 18.07.2024.

B-UHG. Bundesgesetz über Umwelthaftung zur Vermeidung und Sanierung von Umweltschäden (Bundes-Umwelthaftungsgesetz – B-UHG). idF BGBl. I Nr. 74/2018 vom 22.11.2018.

EEffG. Bundesgesetz über die Verbesserung der Energieeffizienz bei Haushalten, Unternehmen und dem Bund sowie Energieverbrauchserfassung und Monitoring (Bundes-Energieeffizienzgesetz – EEffG). idF BGBl. I Nr. 29/2024 vom 17.04.2024.

FHG. Bundesgesetz über Fachhochschul-Studiengänge (Fachhochschulgesetz – FHG). idF BGBl. I Nr. 50/2024 vom 30.04.2024.

GEG. Gesetz zur Einsparung von Energie und zur Nutzung erneuerbarer Energien zur Wärme- und Kälteerzeugung in Gebäuden (GEG) idF BGBl. I 2020, S. 1728 vom 08.08.2020.

GG. Grundgesetz für die Bundesrepublik Deutschland (GG). idF BGBl. I Nr. 94/2025 vom 22.03.2025.

HGB. Handelsgesetzbuch (HGB). idF BGBl. I 2025, Nr. 69 vom 28.02.2025.

HRG. Hochschulrahmengesetz (HRG). idF BGBl. I 2019, S. 1622 vom 15.11.2019.

KAnG. Bundes-Klimaanpassungsgesetz (KAnG). idF BGBl. I 2023, Nr. 393 vom 20.12.2023.

KrWG. Gesetz zur Förderung der Kreislaufwirtschaft und Sicherung der umweltverträglichen Bewirtschaftung von Abfällen (KrWG). idF BGBl. I 2012, S. 212 vom 24.02.2012.

KSG. Bundes-Klimaschutzgesetz (KSG). idF BGBl. I 2019, S. 2513 vom 12.12.2019.

LHO. Landeshaushaltsordnung des Landes Nordrhein-Westfalen (LHO). idF GV. NRW. S. 67 vom 23.03.1999.

LkSG. Gesetz über die unternehmerischen Sorgfaltspflichten zur Vermeidung von Menschenrechtsverletzungen in Lieferketten (LkSG). idF BGBl. I 2021, S. 2959 vom 16.07.2021.

NaDiVeG. Bundesgesetz, mit dem zur Verbesserung der Nachhaltigkeits- und Diversitätsberichterstattung das Unternehmensgesetzbuch, das Aktiengesetz und das GmbH-Gesetz geändert werden (Nachhaltigkeits- und Diversitätsverbesserungsgesetz, NaDiVeG). idF BGBl. I Nr. 20/2017 vom 17.01.2017.

NaBeG. Entwurf zum Bundesgesetz, mit dem das Drittlandunternehmen-Berichterstattungsgesetz erlassen und das Unternehmensgesetzbuch, das Aktiengesetz, das GmbH-Gesetz, das Genossenschaftsgesetz, das Genossenschaftsrevisionsgesetz 1997, das SE-Gesetz, das SCE-Gesetz, das Arbeitsverfassungsgesetz, das

Strafgesetzbuch, das Rechtspflegergesetz, das Gerichtsgebührengesetz und das CBCR-Veröffentlichungsgesetz geändert werden (Nachhaltigkeitsberichtsgesetz – NaBeG). Ministerialentwurf 4/ME XXVIII. GP vom 13.01.2025.

RefE: Entwurf eines Gesetzes zur Umsetzung der Richtlinie (EU) 2022/2464 hinsichtlich der Nachhaltigkeitsberichterstattung von Unternehmen in der durch die Richtlinie (EU) 2025/794 geänderten Fassung. idF 10.07.2025.

RegE: Gesetz zur Umsetzung der Richtlinie (EU) 2022/2464 des Europäischen Parlaments und des Rates vom 14. Dezember 2022 zur Änderung der Verordnung (EU) Nr. 537/2014 und der Richtlinien 2004/109/EG, 2006/43/EG und 2013/34/EU hinsichtlich der Nachhaltigkeitsberichterstattung von Unternehmen. idF 24.07.2024.

SächsHG. Sächsisches Hochschulgesetz. idF SächsGVBl. S. 83 vom 31.01.2024.

UG. Bundesgesetz über die Organisation der Universitäten und ihre Studien (Universitätsgesetz 2002 – UG). idF BGBl. I Nr. 50/2024 vom 30.04.2024.

UGB. Bundesgesetz über besondere zivilrechtliche Vorschriften für Unternehmen (Unternehmensgesetzbuch – UGB). idF BGBl. I Nr. 133/2024 vom 22.07.2024.

UIG. Bundesgesetz über den Zugang zu Informationen über die Umwelt (Umweltinformationsgesetz – UIG). idF BGBl. I Nr. 74/2018 vom 22.01.2018.

UVP-G. (Bundesgesetz über die Prüfung der Umweltverträglichkeit (Umweltverträglichkeitsprüfungsgesetz 2000 – UVP-G 2000). idF BGBl. I Nr. 26/2023 vom 22.03.2023.

Richtlinien

RL 2025/794 des Europäischen Parlaments und des Rates vom 14.04.2025 zur Änderung der Richtlinie (EU) 2022/2464 und (EU) 2024/1760 bezüglich der Daten, an denen die Mitgliedstaaten bestimmte Anforderungen an die Nachhaltigkeitsberichterstattung und die Sorgfaltspflichten von Unternehmen erfüllen müssen. ABl. L 2025/794, 1.

RL 2024/1760 des Europäischen Parlaments und des Rates vom 13.06.2024 über die Sorgfaltspflichten von Unternehmen im Hinblick auf Nachhaltigkeit und zur Änderung der Richtlinie (EU) 2019/1937 und der Verordnung (EU) 2023/2859. ABl. L 2024/1760, 1.

RL 2022/2464/EU des europäischen Parlaments und des Rates vom 14. Dezember 2022 zur Änderung der Verordnung (EU) Nr. 537/2014 und der Richtlinien 2004/109/EG, 2006/43/EG und 2013/34/EU hinsichtlich der Nachhaltigkeitsberichterstattung von Unternehmen. ABl. L 2022/322, 15.

RL 2014/95/EU des europäischen Parlaments und des Rates vom 22. Oktober 2014 zur Änderung der Richtlinie 2013/34/EU im Hinblick auf die Angabe nichtfinanzieller und die Diversität betreffender Informationen durch bestimmte große Unternehmen und Gruppen. ABl. L 2014/330, 1.

RL 2013/34/EU des europäischen Parlaments und des Rates vom 26. Juni 2013 über den Jahresabschluss, den konsolidierten Abschluss und damit verbundene Berichte von Unternehmen bestimmter Rechtsformen und zur Änderung der Richtlinie 2006/43/EG des Europäischen Parlaments und des Rates und zur Aufhebung der Richtlinien 78/660/EWG und 83/349/EWG des Rates. ABl. L 2013/182, 19.

Verordnungen

Delegierte VO (EU) 2023/2772 der Kommission vom 31. Juli 2023 zur Ergänzung der Richtlinie 2013/34/EU des Europäischen Parlaments und des Rates durch Standards für die Nachhaltigkeitsberichterstattung, ABl. L 2023/2772, 1.

VO (EU) 2021/1119 des europäischen Parlaments und des Rates vom 30. Juni 2021 zur Schaffung des Rahmens für die Verwirklichung der Klimaneutralität und zur Änderung der Verordnungen (EG) Nr. 401/2009 und (EU) 2018/1999 („Europäisches Klimagesetz"). ABl. L 2021/243, 1.

VO (EU) 2020/852 des europäischen Parlaments und des Rates vom 18.06.2020 über die Einrichtung eines Rahmens zur Erleichterung nachhaltiger Investitionen und zur Änderung der Verordnung (EU) 2019/2088, ABl. L 198/13, 13.

VO (EU) 2019/2088 des europäischen Parlaments und des Rates vom 27. November 2019 über nachhaltigkeitsbezogene Offenlegungspflichten im Finanzdienstleistungssektor. ABl. L 2019/317, 1.

Kolibri 360 GmbH
Ferdinand-Jühlke-Straße 7
99095 Erfurt, Deutschland
produktsicherheit@kolibri360.de